くすぶる力

齋藤孝

幻冬舎

くすぶる力

はじめに

先行きが不透明で、不安定が当たり前となってしまった現代、自分に満足していない人にお会いすることが多々あります。

本書のタイトルにもなっている「くすぶる」という言葉が、まさにピタリと当てはまるような人たちです。

火が勢いよく燃えずに煙ばかりが出ている様子。

ブスブスとけぶっている状態。

要するに、くすぶっている人とは、成功してない、うまくいってない人たちのこと。

自分には才能があるはずなのに、世間は認めてくれない。正当に評価してもらってない。自分が思い描く自分像と、現実にギャップがある。

こうした苛立《いらだ》ち、焦燥感《しょうそうかん》は、私にとって他人事《ひとごと》ではありません。

私自身が長い間、くすぶっていたからです。

具体的に言えば、大学入試で失敗してから初めての本を世に出すまで、私は二〇年くらい、文字通り、くすぶっていました。

そして、振り返ると、その月日が糧となって、今の自分を支えています。

くすぶっている本人たちは苦しいと思う。くすぶっている時間は、決して楽しいものではないからです。

しかし、今の私にひとつ言えることがあるとするなら、くすぶっている時間は決してムダではないということです。

その苦しい時間に真っ正面から取り組めば、必ずや、ブスブスの火が勢いよく燃え上がる時がやってきます。

くすぶったからこそ、その後に充実を感じる時が必ず来ます。

終身雇用や年功序列といったシステムが崩れて、この大学に入れば大丈夫、この会社に就職すれば安泰といった前提がなくなった今、誰もが人生のどこかで、多かれ少なかれつまずくことがあるでしょう。

それを否定的に考えるのではなく、チャンスと捉える。

実は不完全燃焼中にこそ、人間を大きく羽ばたかせる可能性があると私は信じています。地力《じぢから》をつける時間と思って、じっと機会を窺えばよいのです。そして正しいタイミングで思いきり燃え上がればいい。


最近私が懸念するのは、若者の多くがくすぶることよりむしろ自分を過小評価して、そこそこのところで小さくまとまって終わっていることです。

たいして面白くもないけれど、自分の人生はこんなものだろう、と。安全・安定に安住して、ローリスク・ローリターンで手を打とうとしていませんか。

確かにそれもひとつの生き方ですが、潜在能力が高い人物が小さくまとまっているのを見ると残念な思いにかられます。

自分への期待をやめて現状に甘んじれば、動物的な勘はどんどん鈍化し、才能が開花せずに終わってしまいます。そんな人生、面白いでしょうか。

あるいは、内にくすぶる不全感から「自分はダメな人間なんだ」と自己否定し、引きこもりやうつといった悪循環に入るパターンも見受けられます。

年連続で三万人を超す自殺者数（二〇一二年は一五年ぶりに三万人を下回りました）は、先進国では群を抜いています。

人生は一歩ずつ歩みを進めていくものです。

今、ちょっと迷いの中にいる。くすぶっている。

そう感じた時、本書を思い出していただきたい。

小さくまとまるのでもなく、あるいは自己否定するのでもなく、思いっきりくすぶってほしい。それが人生を前へと進める推進力になります。その推進力こそが生きる醍醐味《だいごみ》であり、ひいてはその人の魅力となるでしょう。

「自分が今くすぶっている」という〝くすぶり感覚〟をきちんと意識化して、「だから自分はどうすべきか」考えてみることです。

本書がその後押しの役割を果たすことを願っています。

イラスト　駒井和彬
写真　久保田育男
ブックデザイン　鈴木成一デザイン室

目次

第一章

くすぶりがパワーを生む

一八で知った最初の挫折

本章を始めるにあたって、私のくすぶり体験を披露します。

私は進学に際して、東京大学の入学試験に落ちました。一般入試の公正な競争ですから、文句を言う相手はいませんでした。実力不足、努力が足りないという一点に尽きました。

そこから、私のくすぶり時代が始まりました。

人生に悩む浪人時代を過ごして念願の東京大学に入学した後も、「もうひとつフィッットしない」感覚をずっと持ち続けていました。

やっと入った大学で、自分が本当にやりたいことを見つけ、それに向けて邁《まい》進《しん》するつもりだったのに、何かもの足りない。授業がつまらないわけではないけれど、何かガシッと来ませんでした。

よい先生はいましたが、全体にスピード感がなく、手応えが感じられませんでした。

今思えば、学問とはストライクゾーンに直球を投げ込んでくれるものではなく、それぞれが自由に選んで登る山のようなものです。だから、スピード感や手応えを大学に求めるほうが間違っていたのかもしれません。

しかし当時の私は常にイライラが続き、それを誰かのせいにしたかった。友だちにもよく八つ当たりをしていました。「おまえたちは真剣にものごとを考えていない！」などという言葉を平気で投げつけていました。

そんな私が少し頭を冷やすきっかけとなったのが、大学主催の「自己理解のための合宿」でした。

米国の心理学者カール・ロジャーズ（一九〇二〜一九八七年）が提唱した「エンカウンターグループ」と呼ばれるもので、初対面の参加者七、八人がファシリテーターと呼ばれる進行係のもとにさまざまなことを話し合う合宿です。

いったい自分は何をしたいのか、何ができるのか、といった根源的な期待や不安、自分の中のモヤモヤをぶつけ合うので、妙に濃い空間になります。見知らぬ者同士だけに、「それはあなたの甘えなんじゃないか」といった批判を互いに平気で言い合うことができました。

くすぶっている自分を理解する

その合宿は、自分自身を理解するために大変役立ちました。

自分の中からこみ上げてくるイライラ感はいったいどこから来るのか。どうしてこんな状態になってしまったのか。

そんなことを自分と対話して考えた時に、原因を自分の中に見つけました。

私は自己実現の欲望が人一倍強かった。自分への期待値が異様に高く、世界を変えた精神分析学者フロイトや哲学者ニーチェくらいに自分もなるという妄想的野望を抱いていました。さすがに現実問題として世界の歴史を変えるようなところまではいかないにしても、「彼らと同じチームで闘っているメンバー」くらいの気分で生きていました。

自分自身への期待値が高すぎると、少々のことでは満足できません。どこまでいっても達成感が持てないのです。

そのうえ仕事をしていないので、他者から評価される機会もありません。大学の先生に教科の成績を評価されてもピンと来ませんでした。

自分への期待値が高い。にもかかわらず他者からの評価が低い。二つの間の大きなギャップが、ブスブスと音を立てるほどのくすぶりを生んでいました。

自分への期待値がほどほどで、他者からもそこそこに評価され、自分の将来設計をきちんと立てている人は、それほどくすぶりません。ずっと就職活動をやって、さっさと就職先を決めていきます。流れるように金融業界に入った友人もいました。

私の場合は、普通の企業に入って人並みに生活できれば満足する、というわけにはいきませんでした。それではイライラした不全感が自分に残ってしまうことが、あらかじめ分かっていました。

自分への期待値が高い
他者からの評価が低い

怨念パワーで本を一〇〇〇冊出したい

従って私は就職することを選ばずに、大学院に進みました。

ここでも再び大きなくすぶりの波にもまれます。というのも、大学院で書いた論文が通らなかったからです。仕事だと思って書いた論文は仕事と評価されず、一円にもなりませんでした。

東大の法学部にいた時はまだマシでした。学生であるという社会的身分があったからです。そこから大学院生、そしてオーバードクター、すなわち博士課程を修了するも就職していない単なる無職に落ちていきます。また、その間に結婚し、二人の子どももいました。

つまり、底辺でくすぶっている状態に加えて、社会的身分もなくなり、生活費も稼げない。家を借りることすら、思い通りにいきません。本を書きたいと思っても、誰からもオファーがありません。ブログなどない時代です。唯一の表現手段である論文では評価されない。

自分の実力は高まっていると感じるのに、社会的評価は落ち続けました。

さらに、そのどうしようもないくすぶり感を他人への攻撃に向けてしまったため、気がつくと友だちが離れていきました。

自分がくすぶっているのを人のせいにしだすときりがありません。実績もないのに口だけは大きなことを言い、毒を吐いているような状況です。

夢を語るなら可愛《かわい》らしいですみますが、毒を撒き散らすようになって、くすぶりが大変な悪臭を放っていました。

実はその時の怨念《おんねん》にも似たパワーが、その後の私の原動力になっています。つまり、これまで著作を四〇〇〇冊ほど出していますが、それでもまだ納得していません。

あのくすぶり時代に抱いた〝書きたい〟思いは、今の冊数に換算すると一〇〇〇冊くらいになるからです。

一〇倍返しのような怨念エネルギーが、自分の中に貯まって、それがその後二〇年近く私の原動力となっています。

私のケースをみなさんにおすすめするつもりはありません。

ただ、くすぶりは人生を推進させる原動力となり、可能性を開くパワーとなる。

その事実を伝えたい、ただそれだけです。

タモリの密室芸はくすぶり時代に磨かれた

私にとって、大学は「くすぶる場所」だったと言えます。

しかし、私が学生のころは、さらにくすぶる場所がありました。

ジャズ喫茶です。

そこでは、そこにいる全員がくすぶって、実際煙がもうもうと立ち込めていました。「くすぶっている人がくすぶる場」がジャズ喫茶でした。

今や、喫茶店と言えば、スターバックスに代表されるように、ビジネスパーソンにとって仕事の場ともなっています。くすぶったジャズを聴きながら、コーヒーを飲んで、何をするともなく時間を過ごすなんて、そんな空間自体、あまり目にすることがなくなりました。

ジャズ通のタレント、タモリさんは若いころ、そんな場所でくすぶっていた一人です。福岡・博多のジャズバーに出入りしていたところを、山下洋輔さんらジャズメンに〝発掘〟されたという逸話が残っています。

保険外交員やボウリング場支配人などさまざまな仕事を経て、三〇歳でデビューしたタモリさんは、マンガ家の赤塚不二夫（一九三五〜二〇〇八年）のもとに居候をしていた時代に、その芸を磨きました。

新宿ゴールデン街のバーで、のちに〝密室芸〟と呼ばれたハナモゲラ語やイグアナのモノマネ、四カ国親善麻雀といったあやしげな芸を開花させ、ギャラリーのジャズメンや作家、マンガ家らの面々を感激と爆笑の渦に巻き込んで、やがて芸能界に引っ張り出されていきます。

一九七〇年代半ばのタモリさんのデビュー時を思い出すと、その危険な芸には強烈なインパクトがありました。攻撃的でワケが分からない、くすぶっていた人間がそのまま世に出てしまったエネルギーに満ちていました。

その後の活躍は周知の通りです。

デビュー前にジャズ喫茶でくすぶっていたからこそ、今のタモリさんがいる。

私にはそう思えてなりません。

漱石はとことんうんざりして鉱脈を掘り当てた

近代日本で夏目漱石（一八六七〜一九一六年）ほど激しいくすぶりを内に抱いていた人はいないでしょう。

漱石は三三歳の時、イギリスに留学しました。

滞在先のロンドンで、漱石はとことんうんざりします。国費留学生ですから日本の大エリートです。ひそかに自信を持っているのですが、周りからの評価は最低でした。

イギリスの学者からはまったく評価されない。下宿の女主人にさえ相手にされません。このくすぶり感は半端ではありませんでした。とことんイヤになって神経衰弱に陥り、「夏目狂セリ」と電報が打たれたほどでした。

この「とことんうんざりする」という体験が、やがて作家漱石を生みます。

漱石は精神の危機を克服して人生の転機とするのです。

その時のことを漱石は『私の個人主義』にこう書いています。

「私は多年の間、懊悩《おうのう》した結果ようやく自分の鶴嘴《つるはし》をがちりと鉱脈に掘《ほ》り当てたような気がしたのです」

『私の個人主義』は学習院大学の学生に向けた講演録です。ロンドンにおいて自分の鶴嘴で鉱脈を掘り当てた感覚を得た、みなさんもそういう感覚を掘り当てるところまでやってください、と当時の学生に向かって語っています。

この講演録を読むと、漱石が「自己本位」という言葉をつかんで、これからは英文学者の言葉ではなく、自分の言葉で自分らしいものを書こうと決意していることが分かります。

漱石が自分の本心を誠実にさらけ出して語っているため、その言葉は、今を生きる私たちの心にも響きます。

また、漱石は弟子に向けても、手紙で「牛のように根気強く押してください。花火のようではいけません」といった言葉を送っています。

その悩む力も含めて、漱石は日本人が師とすべき人物でしょう。

大きなものを背負う気概を持って

漱石がロンドンで頭がおかしくなりそうなくらいうんざりしたのは、自分への期待値が非常に高かったからです。
しかし評価されない。バカにされている。

さらに、バカにされているのは、自分だけではありません。日本の代表として留学しているのですから、日本という国全体がバカにされているのです。漱石の憤懣《ふんまん》は、それに対する憤りとわだかまりでもありました。

近代日本の屋台骨を背負うくらいの志と誇りを持っていたからこそ、漱石は神経衰弱になるほど追い詰められ、そして極度のくすぶり感が渦巻いたのです。

自分がバカにされているだけではないところがポイントです。日本という国が軽視されている、安く見積もられている、本当は勝負できる地力があるのに相手にされない、英国という国力の前に門前払いされている――。

漱石は目に物見せてやると帰国の途に就きます。そして幕末の志士のように命がけで勝負する気概で日本語の小説を書き、日本という国を底上げしました。

「一〇〇年経っても読まれる小説を書きたい」と記し、実際にそうなりました。

日本がバカにされているという思いで現実を受け止めたくすぶり感を思うと、私たちがなまじっかのことでくすぶっているのは、何ともおこがましくさえ感じられます。

「あの漱石先生だってくすぶったのだ。自分たちも目標を持って現実とのギャップに苦しみながらくすぶろうではないか」と言いたくなります。

それも、個人的な事情によるくすぶりだけではなく、何かを背負うからこそくすぶってしまうという大局観を持って。

鹿児島を背負った長渕剛さんが故郷の桜島に誓って上京したように。

マンガ『巨人の星』の左門豊作が阿蘇山に誓ってバッターボックスに立った気概で。

ディレクターを目指さないＡＤ

私はテレビのディレクターと話す機会が多いのですが、彼らのＡＤ（アシスタント・ディレクター）時代はくすぶる典型のような仕事です。あらゆる雑用を引き受けて、上司のディレクターから怒鳴られっぱなしです。

ところが最近は、ディレクターがＡＤを大切に扱うようになってきているそうです。

「このごろはアシスタント・ディレクターじゃなくて、足手まといディレクターって言うんですよ」

ある時、何人かのディレクターたちと飲んだ際に聞いた話です。

というのも、最近ではディレクター志望ではないＡＤが増えているそうです。単にバイトとしてやっているだけ。

ディレクターを目指していなければ、ディレクターの思いを汲《く》んで動くなど、できるわけがありません。どうしてもディレクターになりたいと思うからこそ我慢も努力もする、というものです。

「これ、やってくれるとありがたいんだけど」と、必然的にディレクターのほうがＡＤに気を遣っているそうです。

「私なんてＡＤ時代、どうしても所ジョージさんに名前を覚えてもらいたくて、ご本人に『どうしたら名前を覚えてもらえますか？』と尋ねたほどです。そしたら『面白いことをしろ』と言われて、顔に落書きしたり、お歯黒を塗ったり、思いつくあらゆる面白い格好をして闇雲に努力したものですよ」
そう語ってくれたディレクターの彼女は今や驚くべきパワーを発揮しています。下積み時代のくすぶりが燃え上がっているのでしょう。もちろんディレクターになっても、くすぶることは多々あることでしょう。ディレクターにはディレクターの大変さがある。それでも好きな仕事に志を持って取り組んでいる。それは充実した時間のはずです。

まだ足りない
まだ行ける

ジャッキー・チェンは常にくすぶっている

くすぶっていることを〝ジャッキー・チェン状態〟と私は呼んでいます。
香港出身の映画俳優ジャッキー・チェンはどんな危険なスタントを演じて

も、「まだ十分じゃない、まだ十分じゃない」とどんどんエスカレートしていきます。

　彼の映画のラストに流れるNGシーンを見ると、首の骨を折ったのではと思うようなシーンさえあります。それでも彼は上を目指して新しくチャレンジすることをやめません。

　そうして手に入れた財産を、ジャッキー・チェンは息子に残したりするのではなく、すべて寄付すると公表しました。彼にとってお金はひとつのモチベーション、きっかけであり、スイッチみたいなものだったのでしょう。

　たとえ成功しても、まだまだだと思う気持ち、何かまだ足りないという種火感が、彼を前に進めていると言えます。

　TBSの人気アナウンサー安住紳一郎さんはテレビ画面で見るとおっとりした印象ですが、私は学生時代の彼を知っています。彼もまたブスブス煙が出ている感じの青年でした。そのくすぶりが今の彼のとんでもないエネルギーになっているように私には見えます。

　安住アナが入社して初めての給料で買い込んだのはテレビ。自宅にいくつも並べて全局視聴できるようにしたというのです。

ここまで徹底できるのは、向上心と言えば向上心ですが、そのレベルを超えて、怨念にも似た情念を感じます。

アナウンサーになる人間で向上心がない人はいないでしょう。実力があって頭もよくて、いろいろな才能を兼ね備えているからこそ、高い倍率を勝ち抜き、テレビの過酷な世界で生き抜いているはずです。容姿にも実力にも何のコンプレックスも持つ必要がない安住アナが、未だにくすぶっている。私にはとても頼もしく見えます。

「精神の石油エネルギー」を貯める

特に若いころに抱くくすぶり感は、生涯にわたる推進力になります。言ってみれば、それは「精神の石油エネルギー」です。

ある時期、鬱屈した思いが黒くてドロドロの原油のように自分の中に貯まります。それ自体、その時点では使いものになりません。

でもそれが仕事に就いた時に掘り起こされて、精製して使えるような状況になると、火を点《つ》けた途端、一気に燃え上がるのです。時間をかけて貯めたエネルギーは、そう簡単には枯渇しません。

適切な例かどうか分かりませんが、性体験の年齢があまりに低くなると、そのことについてのくすぶり感がなくなります。早くから性体験を達成すると、「ああ、こんなもんか」と性へのあこがれが自分の中で育ちにくくなるからです。「ものすごく彼女が欲しい」とか「すごくしたいのにできない」という抑制期間を長らく持っていた人は、性に対してなかなか飽きないものです。「気持ちいいものなんだろうなぁ」という期待を引きのばされたまま持っていると、その後も性体験に対する執着が持続するのです。

彼女が欲しいけれどもたいしてモテないから、社会的に成功して彼女をゲットする。そういった回り道は、実は動物界では当たり前です。餌を取ってくるとか、オス同士のけんかに強くなるとか、オス鳥がきれいなメロディーで歌うとか、そういう迂回路《うかいろ》を取って初めてメスに認められるのです。

簡単に欲望が達成されたり、欲望自体を極端に減らすと、この「迂回路努力」をしないですんでしまいます。欲望が出る前にすでに処理できてしまい、くすぶらないし、イライラもしません。

若い人に広まっている「草食系」はまさにそのタイプでしょう。手に入らないのならかまわない、自分の性的欲望を減らせばいいという処理方法です。

人間の身体機能は必要性がなければ衰えます。現実に精子の製造量は減ってきています。それは精子の必要性が減っているからであり、欲望そのものがなくなってきていることを意味します。つまり、社会全体の「ギャップ・パワー」が落ちてきている。

明治維新や敗戦後の日本は、このギャップ・エネルギーが急激に貯まった時期でした。維新で日本は欧米との間に大きな格差があることを見せつけられました。敗戦後は、自分たちが求めた社会と目の前の焼け野原とに大きなギャップがありました。

ギャップを目にすると、人間は埋めたくなるものです。維新後も戦後も日本が驚くべき急成長を遂げたのは、世界と自分との間に途方もなく巨大なギャップがあったからです。

個々の人生で言えば、一人ひとりがそうしたギャップを自分でうまく設定し、埋めながら前へと進んでいく。そして、ある時点で「ああ、自分の人生は起伏もあったし、面白かった」と思えれば、それこそが充実した人生ではないでしょうか。

いいものに出会うことでモチベーションを上げる

たとえば、「おいしいものを食べたい」という欲望についても、〝ギャップ理論〟は当てはまります。「別に何でもいいや」という気持ちなら、今の日本には安くてある程度おいしいものはたくさんあるので、自分の欲望と現実との間にギャップは生まれません。

ビートたけしさんが番組前にこんなことを話してくれました。

「ものすごくいいものを食べたいとか、いい服を着たいとか思わなきゃダメだよ。ちょっとずつ欲望を満たすんじゃなくて、何日間かずーっと食べずにいて、貯めたお金でどーんとおいしいものを食べるとか、いい服を買うとかしないと、芸人としては伸びないね」

どういうことかと言うと、いいものに出会わないと、それを欲しいとは思わないということです。

知らなければ、それを食べよう、それを着たいという欲望が生まれません。モチベーションがなければ、努力もしません。

一回いいものを味わうと、それが自分の基準になって、それを手に入れたいと必死で頑張るようになります。

人との出会いにしても同じです。

ある業界のＯＬさんたちから「いつもは出会わない業種の人たちと飲みに行ったらすごく面白かった」という感想を聞きました。

「飲み会ってこんなに面白いって知りませんでした」

「世の中には、こんなに仕事に一生懸命打ち込んでいる人がいるんだ」

と目をキラキラさせて話すのです。

大人が本気になるためには、いかにモチベーションを上げるかです。いい出会いによって、自分も同じような仕事をしようとか、そういう相手と付き合いたいとか、モチベーションが上がります。

自分がいいと思える人と出会うことに貪欲《どんよく》になる。実際に出会うことで、「自分はまだまだこの人たちほどじゃないな」とギャップを感じれば、それが向上心につながります。そうして精神の石油エネルギーは貯まるのです。

若いころに成功してそのままいける人はいいですが、そうではない人のほうが多いのが現実です。その時、問題はうまくいかない期間がちゃんと石油エネルギーになっているか、です。

うまくいかず悶々《もんもん》としているのか、それとも現状に満足せず成功に向かってエネルギーを貯めているのか。その違いがその後の人生を左右します。

外から見ると成功せずにモヤモヤしている状態は同じでも、その時に精神の石油エネルギーを蓄積できるかが肝《きも》なのです。

パワーの源であるくすぶり感覚をまず持ってください。

精神の石油エネルギーを蓄積できるか

イメージと身体と言葉でくすぶり感覚を持つ

くすぶり感覚をきちんと持つにはどうすればいいのでしょうか。

それには、くすぶることについての「イメージ」と「身体感覚」と「言葉」を持つことが大事になってきます。

若いころの私は、無茶苦茶くすぶって、臭いを発するくらいでした。燻製《くんせい》を作る時に独特の臭いを発しますが、あの、火が燃えているのに燃えきらない感じ、燃焼する前の、煙が立っている状態です。

まず、それをイメージしてください。具体的なイメージを持つことによって、身体感覚が変わり、それは自分の中で意志に変わります。イメージと身体感覚と意志が、やがて言葉になっていきます。

イメージと身体感覚は微妙に違います。イメージというのは頭で描いた像です。モヤモヤして、くすぶって、煙が出ているような状態は思い浮かぶでしょう。それを身体感覚にするとどうなるか。ただイメージするのではなく、身体《からだ》全体がくすぶっている身体感覚を持つのです。

私自身の体験で言えば、くすぶっている身体感覚とは、身体を動かさないと頭がおかしくなるような感じでした。

身体から煙が出て、今にも燃え出しそうな状態です。

だから時々、家の周りを一キロくらいダーッと走り回って解消していました。

サッカーやジョギングのような運動をすることには、うつ病治療の効果があるという説があります。若い人は身体的なエネルギーを本来蓄えているので、走り回ったり素振りをしたりせずにはいられないのが一般的です。それが身体的にくすぶっているということです。

まず、イメージ。それから身体感覚。さらに言葉を通してくすぶり感覚を確認する。

「くすぶりは悪くない」「自分はくすぶる前だな」「これはまだ火が点いてないんじゃないか」などと言葉で表現してみるのです。

くすぶっているイメージと身体感覚と言葉をつなげて、ひとつの塊を作る。

そうしてくすぶり感覚を自分のものにします。

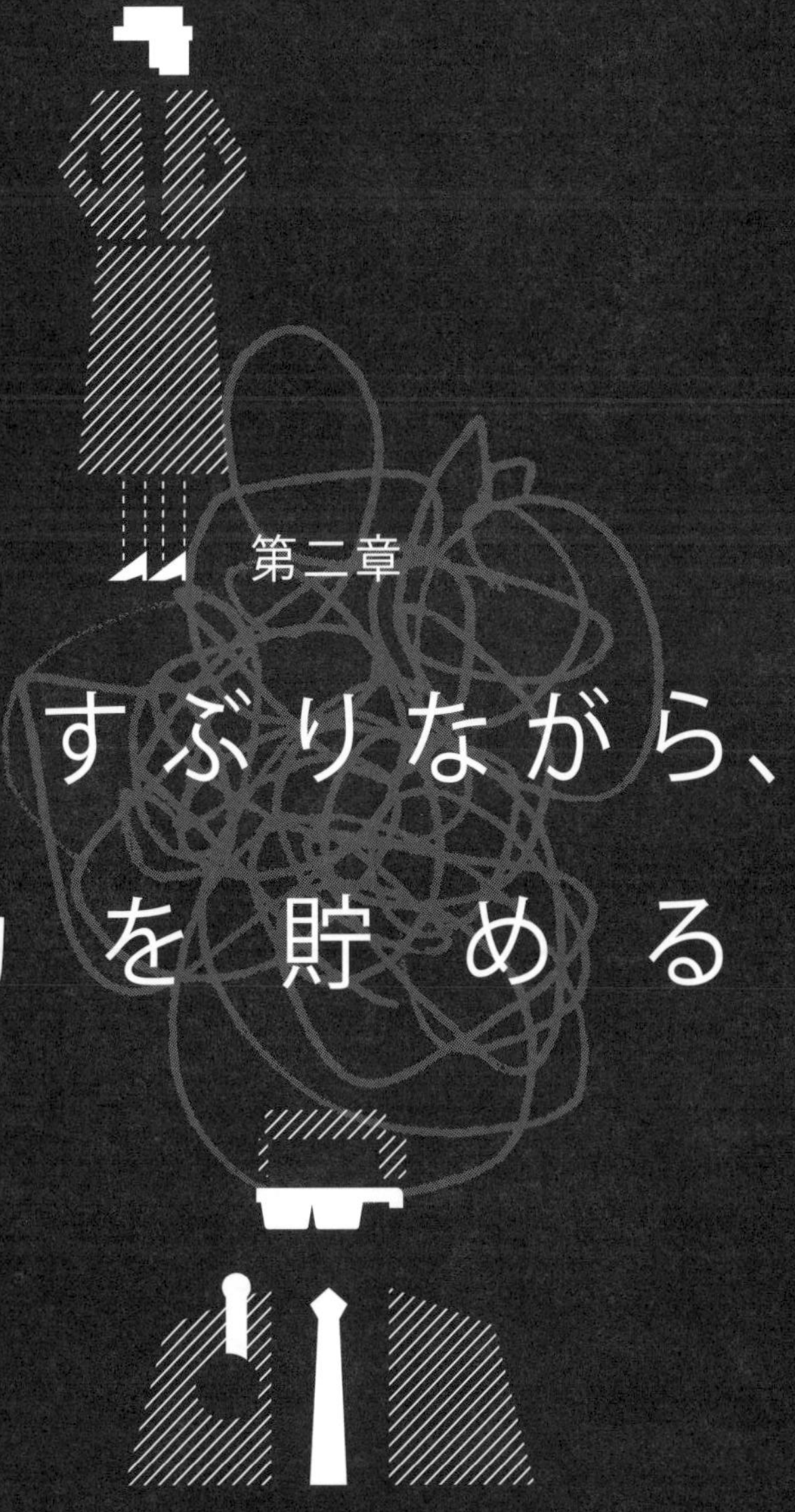

第二章

くすぶりながら、力を貯める

モラトリアムの時代に「深さの感覚」を養う

くすぶり時代だからできることがあります。

ラジオで、お笑いコンビのおぎやはぎが、「二〇代のころはラーメンを食べるためだけに、ものすごく遠くまで車で行ってたなぁ。最近そういうの、やらなくなっちゃったよな」という話をしていました。

そう言えば、私も学生のころ、安い焼き肉屋があると聞いては、友だちと他県まで出かけたものでした。ヒマとしか言いようがないころのこと。やるべき仕事がないくすぶり時代だからこそできたことです。

それに比べると今の大学生は忙しそうです。朝から授業に出て、終わったらアルバイトが待っていて、四六時中メールやツイッター、フェイスブックで友だちとつながっている。家でゆっくりテレビを見る時間さえありません。大学三年の半ばからは就職活動で、心ここにあらずです。

毎日授業がある高校時代とたいして代わりばえしません。高校生が大学生に近づいた面もありますが、大学生が精神的に幼くなっているとも言えます。大学側も学生を世話することが増え、担任制度さえできて、提出物がない学生に電話をかけたりしています。

私の大学時代は教授と会話をすることなど滅多にありませんでした。教官が身近になったこと自体は悪いとも言いきれませんが、学生たちを管理するようなことをサービスとしてやっている今の大学の在り方に疑問を覚えることもあります。

友だち同士で泊まりがけで出かければ、将来ほとんどのことは忘れても、「ああ、泊まりがけで行ったな」という記憶は残ります。その体験が財産になります。しかし、その時間も余裕も、今の学生には少ないようです。

要するに、本来なら若い世代がくすぶることができるモラトリアムに、きちんとくすぶれなくなっているのが現状です。

モラトリアムは「執行猶予期間」を意味する言葉です。青年期に自分らしさを一回喪失し、それを探し求めてアイデンティティ（存在証明）をつかむまでの期間です。多くの人は仕事に就けばそれがアイデンティティの軸になるので、就職前の時間がモラトリアムと言えます。

本来なら好き勝手できるモラトリアムに、管理が生活の隅々にまで行き届き、それだけ野性味のある体験が減っています。

すると、失われるのは「深さの感覚」です。

一流の仕事をしている人や面白いアイデアを出す人は皆、それぞれその人なりの深さを持っています。人間的な奥行きとでも言いましょうか。だからこそ、私はくすぶり時間を大事にしたい。「深さの感覚」を養う時間としたいのです。

放浪体験で他者と出会う

かつてのくすぶり時代には、「放浪」が、ひとつのキーワードでした。

海外の放浪体験を記した藤原新也さんの『印度放浪』（一九七二年、朝日文庫）や沢木耕太郎さんの『深夜特急』（一九八六年、新潮文庫）が売れました。

濃い体験にみんながあこがれて、九〇年代半ばには、テレビ番組でお笑いコンビ猿岩石の放浪企画がブームにまでなりました。

一九六〇、七〇年代にはヒッピー文化のようなカウンターカルチャーが、ひとつの文化潮流として放浪体験を後押しした面もありました。くすぶり感がどうにもならず、「インドでも行くか」とバックパッカーとなって放浪の一人旅に出かけるわけです。

異国の地で待っているのは、日本にいては決して出会えない人間、異なる文化、価値観の多様さです。

そうした体験を経た人は、会社員になっても放浪感覚が残っていて、少し変わっているというか、ちょっとズレた感じになります。会社員として適応できないと問題ですが、そうでなければ放浪体験のある人のほうが、深さの感覚、奥行きがあります。

二四歳から四年間、世界を放浪した建築家安藤忠雄さんの場合は、世界の優れた建築を見て回るという目標あっての旅でした。この建築を見たら、次はあの建築とつなげていけます。それは次のステップにつながる放浪でした。

安藤さんがあこがれたのは、二〇世紀建築の巨匠ル・コルビュジエ（一八八七〜一九六五年）です。自分にとってのバイブルであるコルビュジエの本を持って放浪に出ることで、体験は財産になったことでしょう。自分の中にコルビュジエが棲みついて、生涯、自分の目標や師としてモチベーションのもとになったかもしれません。

何かひとつ自分の目標を持って、それを軸に放浪に出る。くすぶり時代でなければ、なかなかそうした〝優雅〟な旅はできません。建築を巡る安藤さんの旅は、たとえその後の仕事で連戦連敗しようとも、決して枯渇しないエネルギーを蓄積したと言えます。

放浪によって与えられるのは、自分と向き合う時間です。

鏡を見て瞑想しても、なかなか自分とは向き合えませんが、自分と異なる人間、他者に出会うことによって、自分を見つめることができるのです。

藤原新也さんは『メメント・モリ』（一九八三年、情報センター出版局）に、インドで犬が死体を食らっている写真を「ニンゲンは犬に食われるほど自由だ」というコメントとともに載せました。日本の感覚からすれば衝撃的な違和感、強烈なズレがありました。

そのズレが自分を見つめることにつながっていきます。自己理解を深めることができるのです。

自分と向き合う

生の体験で異なる価値観に強くなる

インターネットで世界とつながる。そういうつながりも悪くないでしょう。しかし、見知らぬ人間と直《じか》に交わったり、周りの人間と仕事をしたりすることをせずに、自宅でネット的「世界」とつながっているというのでは、生の体験が足りません。

ちなみに私は現時点で世界の誰ともつながっていません。フォロワー・ゼロ。フェイスブックもツイッターもしていません。

つながり感を持たない選択肢もあってよいでしょう。たとえば本を書くという行為は、読み手と直接的につながらず、どこかに読者がいるかもしれないという、離れた他者への想像力を呼び起こします。

サン＝テグジュペリの名作『星の王子さま』に見る「星と星の間の友情」の

ようなものかもしれません。それは仲のいい友だちとの水平的なコミュニケーションよりは、もっと遠隔的なつながりです。

「百聞は一見にしかず」

その場に行って初めて分かること、自分で体験すると想像とはまったく違うことが世界には数限りなくあります。生の体験が旅行の醍醐味であり、放浪にあこがれる原動力です。

旅行先でイスラム教徒の家に泊まったことがあります。そこで一緒に御飯を食べ、寝泊まりをすると、彼らには彼らのゆるやかな普通の暮らしがあり、イスラムの規律があって、その切り替えはごく自然であることを知りました。その中に入れば自分もまたその秩序に従う感覚が自然に生まれ、イスラムに違和感を持たなくなりました。

生の体験で私たちは他人に強くなります。いろいろな価値観を持った人に対してタフになります。それは国際化の時代には、ますます求められる能力です。

心地よさだけを目指さない

異なる価値観へのタフさは、日々のコミュニケーションにも反映されます。職場で上司からイヤなことを言われても、「ああ、この人は立場が違うからな」とか「これくらいのオヤジはだいたいこういうことを言うんだよな」「この人はちょっと威張りたいのかも」「この人、もしかして寂しいのかな」と余裕を持って対応できます。

その呼吸が分かれば、「じゃあ今度、飲みに連れてってくださいよ」と自分からぐっと距離を縮めるひと言をかけることができます。すると、「え？　そうか」と案外喜ばれて、新しい関係が展開することもあります。

以前は上司とうまくやることは至上命題だったので、飲みの誘いを断るという選択肢はありませんでした。

「虎穴に入らずんば虎子を得ず」。世代も価値観も異なる上司は、仲間ではなく、そのフトコロは大げさに言えば「虎穴」です。選択肢がなかった現在の五〇代以上の人たちは、否応なく虎穴に入っていった世代です。

ということは、断る選択肢ができた世代は、自分にとって心地よい時間を過ごすことを選べます。ここで考えたいのは、心地よい時間を過ごすことが、はたして次のステップにつながるかということです。

仕事でやりたいことをやるためには、上司とうまくやらなければいけません。長期的に見れば、上司とうまくやること自体が、やりたいことをやれる近道とも言えます。

自分とは違った世代や価値観に面と向かうことは勇気や忍耐を要します。心地よさだけを求めるなら、内側を向いて仲間内だけでかたまっていればいい、バーチャルにつながっていれば十分、ということになります。

しかしそれでは自分が本当にやりたいことはできません。いや、本当にやりたいことに出会うことすらできないでしょう。

量を質に転化して体験にする

「内向き志向」でバーチャルな世界に強いと言われるインターネット世代が、ではインターネットで何かのスペシャリストになっているかと言えば、そうでもありません。

インターネットが日常の道具となっている世代と、私は大学で接していますすが、実はネットを十分には使いきっていないように見受けられます。

大量の情報摂取は武器になります。「量質転化の法則」と言って、量的な蓄積が一定量を超えると、質的な変化を引き起こすのです。

外部の情報を摂取するなら、量を質に転化し、途方もなく詳しくなってほしいのです。

今は国会図書館にある書物さえネットで調べられます。スマートフォンで、足尾銅山鉱毒事件と闘った政治家田中正造《しょうぞう》（一八四一～一九一三年）の直訴状や、『大漢和辞典』の編者諸橋轍次《てつじ》（一八八三～一九八二年）の序文まで調べることができます。あるいは非常に貴重な情報や知見をただで披瀝《ひれき》している人もいます。

かつてなら恐ろしく手間がかかった作業が、今なら瞬時に可能となりました。驚くほど広く深く情報に入り込める時代です。

ウィキペディア情報は、増殖し続ける知識の巨大な魚群です。誰もがすぐに読めます。そこにあるのは典型的な情報の要約です。

ネットのネットたる所以《ゆえん》は、そこからどんどん深く踏み込んでいけることです。リンク、リンク、リンクで三回踏み込めば、人とは違った情報の海にこぎ出せるかもしれません。見たこともない魚に出会えるかもしれません。

踏み込むことが習慣化すれば、情報の海にこぎ出す際、どのワードで検索をかければ目的地に行き着けるか、どのサイトが信頼に値するか、においをかぎ分けられるようになります。たとえばそのサイトが出典、出所を明らかにしているかどうかは、掲載情報の信用性を見分けるひとつの指標です。

ツイッターなどの浅い情報間を往き来するのではなく、国会図書館の奥の奥にあるような、深く掘って掘って掘り進んで得た確かな情報を引っ張り出してこそ、ネット社会を生きる醍醐味があります。

インターネットを使いこなせれば、多くの引き出しを自分の中に持てます。仕事ができる人とできない人の差は、引き出しの数の差と言ってもいいほどです。

かつて経営学者のピーター・ドラッカー（一九〇九〜二〇〇五年）は、知識社会においては一人ひとりの社員がエグゼクティブであることが求められる、と言いました。自分で目標を設定して情報収集し、総合的判断を下す。

その手段としてインターネットを存分に使いこなす。「上っ面をなでる」のではなく、「ディグる」、すなわち「掘る検索」がカギです。

どんどん踏み込む ディグる

パソコンを武器にする

情報を収集して整理して分析して提示する。その作業をパソコン本来の能力を駆使してやっていますか。

私の同僚の一人は会議中にノートパソコンで要点をまとめて資料を仕上げます。一時間ほど話し合った内容をその場で要約し、プロジェクタを使ってスクリーンに映し出す。プリントアウトした資料を叩《たた》き台として参加者に配り、それぞれが修正したものをまとめてみんなにメールすれば、二回の会議が一回で終わります。

みんなの手間を省く作業を率先する人は重宝されます。若手がパソコンを自在に駆使できないと、年配者はがっかりします。自分たちが苦手なことを若手が肩代わりすることを期待しているのです。

パソコンで検索して情報をサッと得る。今ならスマートフォンがあるので、その場で調べられます。それをしたうえで、もう一段上の資料作りが必要です。「パソコンの中に入っている情報に目を通しておいてください」

これだと年配者は面倒臭いのです。「ここを見れば一発ですから」ではなく、その中でも大事な部分だけをコピーして、プリントアウトして、ポイントをラインマーカーで引くぐらいまでして初めて重宝がられます。

情報を効率よく集めて再構成したプリント資料に、手書きのコメントや矢印、吹き出し、イラストなどを工夫して書き入れて、最終的にコピーして「こんな感じです」と差し出す。そのくらいやって初めて「使える」人材です。

「研究力」で可能性を広げる

私が最近人にすすめるのが「研究」です。

たとえばファッションデザイナーになりたいなら、それについて研究すればいい。

私がファッションをやりたいと思ったら、古本屋で安い雑誌を買い込んで、ある年代に徹底的にくわしくなります。一九七〇年代の雑誌を片っ端から切り抜いて、スクラップブックに貼ります。

これを一カ月間集中してやれば、七〇年代に精通できます。仕事にしたいのであれば、それくらいの集中力は当たり前です。

ある年のファッションにくわしくなるのに、そう時間は要りません。ビジュアル中心の雑誌だと、一日か二日あれば三〇冊か四〇冊はこなせます。

切り抜きへの投資は四、五万円用意すれば、一〇年分くらいの雑誌は手に入ります。それらを研究すれば、現代の流行ファッションが当時の応用例にすぎないことも分かるかもしれません。

雑誌を切り抜くことは情報収集の一方法ですが、切って貼りつけている時点で、情報を超えて体験になっています。その年代を浴びる感じ、体がどっぷり浸かる感じです。その体験は自分の中で捨てられない財産になります。

くすぶり時代でなければ、集中的な雑誌の切り抜き作業などできません。ヒマな時代だからこそできることです。ヒマな時間を集中投下することで、あるレベルを突破して深さの次元にたどり着くのです。

ある分野を研究し、膨大な量をこなせば、もはや「職人」です。たとえば名文もとことん集めると、「名文職人」です。そこまで到達すれば、直感的に本物がどこにあるかが、においで分かるようになります。

以前、ジャズピアニストの山下洋輔さんが、冬に冷やし中華を食べられないことに憤慨して、作家の筒井康隆さんやタモリさんらと「全日本冷し中華愛好会」という団体を立ち上げて会報まで発行していました。バカバカしいからこそ没頭できる一例です。

みうらじゅん、いとうせいこう著「見仏記」シリーズ（角川文庫）は、これまでの美術観や宗教観に縛られないで、まったく自由に仏像を眺め、独特の視点で解釈している立派な「仏像研究」です。

こんなふうに、何に対しても研究できる能力を「研究力」と呼ぶとすると、研究力を身につけることで可能性が確実に広がります。

人より一歩踏み込んで研究する。
自分でテーマを立てて世の中を研究してみる。
そうすると、仕事にも役立つし、人間的にも面白みが出ます。

アイデンティティを別次元に置く

男性向けの情報雑誌「ポパイ」がはやっていたのは、一九七〇年代後半から八〇年代です。この雑誌はとんでもなくバカげたエネルギーをかけて若者の風俗を取材していました。そういうエネルギーがあった時代の雑誌を集めて切り抜くことで、その時代のエネルギーを自分のものにすることができます。

私は大学時代、荷物を風呂敷に包んで通学していました。「兄ちゃん、風呂敷しかないのか。かわいそうに」と、電車でたまたま乗り合わせたおじさんがバッグをくれたこともありました。

なぜ風呂敷か。旧制高校の学生と裁判官は風呂敷を使いました。私は完全に旧制高校に通っている気分でした。法学部に在籍していたので裁判官気取りでもある。大学一年なのに、最高裁の判事くらいの気持ちで生きていました。

風呂敷は、自分はこの時代に身をやつしているけれど本当は違うんだ、という自他へのアピールでした。

私たちは今の時代を生きています。だからこそ、今の時代ではない感覚を自分の中に埋め込むといい。

「何年代のどこ」というように、アイデンティティを少し別な場所に置くと、タイムスリップ感が出ます。

タイムスリップはそんなに難しくありません。現在から未来に行くのは難しいけれど、過去に行くのは情報が残されているため、わりと簡単です。

旧制高校に通ってのちに哲学者になる阿部次郎（一八八三～一九五九年）や劇作家の倉田百三（一八九一～一九四三年）たちを、私は他人とは思えなくなりました。彼らの考え方を知り尽くし、彼らこそ自分の話が通じる相手と信じるようになりました。

ファッションデザイナーのココ・シャネル（一八八三～一九七一年）が天才画家パブロ・ピカソ（一八八一～一九七三年）や芸術プロデューサーのディアギレフ（一八七二～一九二九年）たちと付き合っていた時代のパリ。そうした雰囲気に自分のアーティスティックな魂が揺さぶられる人は、その時代の彼らの作品に触れ、本を読み込み、没入すれば、奥行きが出ます。

質の高い時間を選ぶ

くすぶり時代だからこそできる経験。それはアルバイトです。アルバイトは、自分の財産を増やす手段になります。

私は作家・イラストレーターのリリー・フランキーさんのエッセイをよく読みますが、リリーさんは青春時代にヘンなバイトをたくさんやっています。喫茶店の壁画を描きに行ったり、わけの分からないイベントの司会をやったり。

そうした経験を経て、彼は絶妙な、仕事への集中力と力の抜き加減を身につけたのかもしれません。同じお金になるなら、体験が話になるほうを選ぶ、体験の質を重んじてバイトを選んでもよいでしょう。

教師志望で必死に勉強していた学生が、インターンシップで小さな出版社で研修したら、出版の面白さに目覚めてそのまま就職してしまったこともありました。

インターンシップですから、目的はアルバイト料ではなく就業体験です。そしてそれが彼女の運命を変えたわけです。

時給が一〇〇円でも高いアルバイトを選びたいという気持ちは分かります。しかし、若いころの時間の使い方は「質を取る」ことを優先すべきです。ラクで高給のバイトよりも、「ただでも質のいい仕事を選べ」ということです。

簡単なアルバイトを一カ月続けたとします。一週間で仕事ができるようになると、残りの三週間で学ぶことはほとんどありません。学ぶことがない時間を過ごすのは、若い人にとって損失です。

アルバイトの時間は、自分を切り売りしていると考えてください。時給だけを基準に選ぶと、〝学び〟が期待できません。

むしろ、学ぶことが多いならただでも働く。そうすると、本当に自分のやりたいことが見えたり、自分の才能をどう発揮すればいいのかが分かったりします。そのことの価値は、お金に換算できません。

私自身、学生時代に築地で働いた経験は財産になっています。大学で法律の勉強ばかりしていると、次第に気分が塞《ふさ》いできます。身体を使って働いている人たちの中に自分の身を置いてみたかったのです。

当時、武道やスポーツをしていた私は、魚箱を積んだリヤカーを引きながら、足腰を鍛錬するため、低い姿勢で重心移動をするよう心がけていました。朝五時から築地で働いて夜は研究に捧げる。築地の威勢のいいおじさんたちに交じって身体を動かす経験は、なにものにも代えられませんでした。

その他にもさまざまなアルバイトをしましたが、ある時、論文を書くためにアルバイトをすべてやめた時がありました。その数カ月間は論文に集中できました。収入源を絶って論文を書いているのだから、その時間はそれ以上の成果を上げなければなりません。

バイトをやめて自分を追い込むことで、時間の質が高まりました。

若い時はどうすれば時間の質を高めることができるか、知恵を絞るべきです。

目的なしにとことんやる

お金にならないことを思いきりやるというのも、ありです。

明治の思想家、福沢諭吉（一八三五〜一九〇一年）が蘭学を一生懸命学んでいた時は、蘭学を修めても将来お金になるなどという保証がまったくない時代でした。今、英語を勉強するのとは意味が異なります。

お金のためにやる勉強も悪いとは言えませんが、ここではお金にならない勉強をとことんやることをおすすめしたいのです。

福沢諭吉は『福翁自伝』（岩波文庫）に書いています。

「この薬は何に利くか知らぬけれども、自分たちより外にこんな苦い薬を能《よ》く呑む者はなかろうという見識で、病の在るところも問わずに、ただ苦ければもっと呑んでやるというくらいの血気であったに違いはない」

薬でもこれだけ苦い薬は自分たちしか飲めないだろうという気持ちで飲む。難しいものは難しいほどいい、どんな難しい文章でも持ってこい、おれたちが読んでやる、といった気概に満ちています。

しかもそれがまったくお金にならない。目的なしの勉強が大事だと福沢は言っています。

世の中は、進学のためにこれをやる、就職のためにこれをやる、という目的つきの行為であふれています。目的なしにはまっていく勉強をあまり見かけません。こんな時代だからこそ、目的なしにとことんやってみてはどうでしょう。

それはお金には換えられない深みを残すはずです。

換金も回収もできないから面白い

創造的な仕事に携わっている人の多くは、まったくお金にならない仕事もやっているものです。

佐藤卓《たく》さんという有名デザイナーが、商売にならないけれど、干し芋を作っている地元との関係を続けているうちに、しまいには干し芋の本を作ってしまったケースを知っています。

くすぶり時代には、お金と関係ないところで自分の趣味的作業を徹底できます。あるいはお金を稼ぐ仕事とは別に、お金にならない趣味的な仕事を続けていることが、後から形になることもあります。

遊びだから深くやってしまう、遊びだから真剣にやってしまうことがあります。

福沢諭吉たちは「誰も詠めない難しい文を読んでやる」と蘭学を勉強していました。大学の宿題で仕方なく英語を訳している学生とは意気込みが違いました。

その意気込みの違いは決定的です。周りから強制されてほどほどの英語力を身につける人と、もっともっとと自分からはまっていく人は、実際の業務に就いた時にははっきり差が出ます。

英語力があるから国際的なのではなくて、国際的に活躍する意欲があるから外国語を習い、その結果として語学力がアップするのです。

イタリアに行けばイタリア語を学ばなければいけないし、バングラデシュに行けばバングラデシュの言葉が必要です。意欲が結果的に語学力というハイリターンを自分にもたらします。

一人ではなくても、何人かの仲間でやってみる手もあります。今はインターネットで趣味の情報交換もできます。やっていることがディープすぎて、ネットでしか同好の士が見つからないというほどの深さなら、余計やる意味があります。

法学部だった私は、友だちと毎日、図書館で憲法や刑法を必死でノートに写して勉強したものです。しかし、それらの知識はあれから一度も使っていないし、多分これからも使わないでしょう。使わないどころか、内容自体も忘れています。あの図書館での地道な勉強は何だったのか？

目的もなく、ただ学ぶ。

勉強というのは、回収しきれないところにもまた面白さがあるのです。回収できないし、換金もできない。そのことに使った時間が贅沢《ぜいたく》でした。

お金にならないことを思いきりやる

行きすぎた人たちのエネルギー

お金にならないことを思いきりやるということで言えば、遺跡とか古代に凝ってしまう人は、その素質が大いにあります。

たとえば『古代エジプトうんちく図鑑』『古代ギリシアがんちく図鑑』（ともにバジリコ）、『古代マヤ・アステカ不可思議大全』（草思社）などを書いた芝崎みゆきさん。

資料に当たって古代世界を調べ上げ、自分も現地を訪ねて吸収した情報と知見を注ぎ込んだ本を出しています。全編、手書きの文字とイラストから構成されており、その凝縮度、完成度が過剰です。

もうすべてが〝行きすぎ〟ています。

手書きだとたくさんの本は出せません。生活が大変だろうなと勝手に思ってしまいますが、ネット上では「面白すぎる！」と絶賛されています。

目的はなく、はまり込んだからやっている。そんなエネルギーで専門家よりもくわしくなってしまう。今は本という形でエネルギーを表現できる機会が以前よりも増えました。少なくとも自分のサイトやブログでは発表できます。

その意味では、「くすぶる」と言っても、以前に比べれば、貯め込んだパワーを外に発表できる時代です。くすぶるエネルギーが表現につながるルートが今はあります。

私のくすぶり時代もこんな状況だったら、私などはどれほど文章を書き、発表したことか。日々考えたことを無制限に書き連ねたはずです。

「行きすぎた人たち」は、社会全体のエネルギーにもなりえます。全員が、とは言いませんが、一人ひとりが気概を持って生きていれば、日本全体のポテンシャルが上がって、最終的にこの国は「何があろうと大丈夫」となります。

モノがひと通り行きわたり、全世界が文化や意味を求めている時代は、文化の水準が高いことが価値になります。文化水準の高い国は決して滅びません。

突き抜けた意志から副産物が生まれる

映画も大ヒットしたマンガ『テルマエ・ロマエ』（エンターブレイン）もまた、行きすぎた人から生まれた作品と言えます。

古代ローマ時代の浴場と現代日本の風呂をタイムスリップで往き来するという、なんとも狭いテーマ設定で展開します。ストーリー的にも初めから限界が見えているのに、そこを突き抜けるパワーが尋常ではありません。

作者のヤマザキマリさん自身、一七歳でイタリアに留学して、イタリア人と結婚し、中東やポルトガルに暮らしてきた、という兵《つわもの》です。生き方そのものに〝行きすぎている感〟が滲《にじ》み出ています。

結果に結びつくどころか、結果がどう出るのかさえ分からない。まあ、こんなマンガを誰が読むんだという感じで描いてみたら、四巻で累計五〇〇万部を突破して、映画化までされました。

社会は「突き抜けている人」を求めているのです。

努力や才能とともに、生き方そのものが結果を呼び寄せているわけです。

仮にベストセラーにならなくても、当人にとって大きな問題ではありません。表現しきったところに、満足感があるからです。「本気でやりきっている」納得感こそが、当人にとって最も大事です。その気持ちは読者にも伝わり、逆説的ですが、大ヒットにつながるのでしょう。

井上雄彦《たけひこ》さんにしても、バスケットボールがあまりにも好きで、バスケのマンガが描ければ、マンガ家人生を終えてもいいという覚悟で名作『SLAM DUNK』を描いていたそうです。その結果、累計発行部数は一億部を優に超すヒットに。

描いているうちに絵がうまくなって、宮本武蔵を主人公にした『バガボンド』（「モーニング」に連載中）も生まれました。描画の技法を追究したこの作品は、各マンガ賞を総なめにしました。

突き抜けた意志を持つことが副産物を生んで、生きる糧になる。「副産物主義」というか「テルマエ・ロマエ方式」というか。くすぶり時代に培《つちか》ったものが、とんでもない力を発揮した事例です。

ひとつの世界にはまり込む

亡くなったマンガ家でエッセイストの杉浦日向子《ひなこ》さん（一九五八〜二〇〇五年）は江戸にはまり込んでいた方です。『江戸へようこそ』（筑摩書房）という題名の著書を出していて、彼女にとって江戸は回顧する対象ではなく、「今、江戸に暮らす」感覚を持っていました。杉浦さんが書くものからは、江戸の人たちの生活が手に取るように伝わってきました。

私の高校時代の国語の先生は落語好きで、授業中、落語のテープを聴かせてくれました。昔のテープなので音が悪く、聴き取りにくいところもありましたが、先生の情熱が伝わってきました。今でも教室の風景が思い浮かびます。

中学一年の時の理科の先生は、全国のシダを集めていました。日本最北端から最南端まで、休みごとにシダを採集して、授業の最初の一〇分間はみんなでシダを観察したものです。授業が必ずシダでスタートすることがとても特殊であるということが生徒の私たちには分からず、シダこそが理科という科目の基本だと思っていました。

この二人の先生は過剰ですが、変人ではありません。はまる力と社会性は両立できます。ひとつの世界にはまり込んだ人々には深みがあります。自分のワールドをしっかり築いている魅力を感じます。

のっぺりして掘っても何も出てこない人からはフェロモンが出ていません。

くすぶり時代こそ、何かにはまり込む時間です。

大量にインプットする

ひとつのワールドを作る時のポイントは「大量のインプット」です。

江戸文化研究者、石川英輔さんは、講談社文庫で「大江戸事情」シリーズを出しています。江戸のリサイクル事情だけで一冊、江戸のエネルギー事情だけで一冊といった具合で、それぞれ統計データもしっかり入れています。それをまとめて一〇冊ほど線を引きながら読むと、すっかり江戸の事情通になります。

また、前田勇著『江戸語の辞典』（講談社学術文庫）という厚い本もあって、読むととても面白い。稼ぐ男を意味する「稼ぎ男」の隣の項目が「稼ぎ人」で、それはスリを意味します。隣り合わせの「稼ぎ男」と「稼ぎ人」とでまったく意味が違います。

ほとんど消えてしまった言葉ですが、こうした本一冊の中にとんでもない面白ワールドが広がっています。

古典落語にはまる人の気持ちが分かります。昔の落語家さんは江戸が身近だったんだということも、感覚で分かります。古今亭志ん生（一八九〇〜一九七三年）のような名人の落語からは、そうした江戸の香りが感じられます。私は全集ＣＤを寝る前に聴いて、江戸の情緒に浸っています。

江戸時代に関して集中して大量インプットをすると、江戸がひとつのワールドとして自分の中で確立します。それが奥行きになります。

ＮＨＫ－ＢＳで、山田洋次監督が選ぶ「日本の名作１００本」が二〇一一年四月から放送されていました。以前なら昔の名作映画を見ることは大変でしたが、今便利なのは、それらを簡単に録画できることです。ブルーレイに落としても、さほどお金はかかりません。こんな財産がただ同然で鑑賞できます。

日本映画の名作を一〇〇本見れば、邦画通になるのはもちろんのこと、人間を理解する力や時代を読む眼が養われ、心が耕されます。

「こんな貧しい中でも頑張って生きていたんだ」「昔はこんなことで悩んでいたのか」「日本の家族ってこんなだったんだ」と印象をノートにメモしていけば、そのノートはかけがえのない宝になります。

山田洋次監督の『東京家族』は、小津安二郎（一九〇三～一九六三年）の名作『東京物語』を現代に置き換えたものです。山田監督の深い思いが伝わってきます。

一本の映画を撮るためには、そこに莫大なエネルギーが注がれています。恐ろしいほどのインプットです。信じられないほどの贅沢です。それを浴びるように見ることは、人生に深さをもたらします。

度を超えた大量インプットは、経験の質を変えるのです。

これは映画好きかどうかという問題ではなくて、自分に対する資本の投下です。いや、お金はかかっていないので、時間の投下です。SNSなどでなんとなく過ごしている時間をここに投下すれば、どれだけの財産を手に入れることができるか。

くすぶり時代に大量インプットの習慣と技を身につけると、それがワザ化して、対象を変えてもドーンとインプットすることができるようになります。

第三章

くすぶり時代・九カ条

1 評価の基準は自分が決める

2 不安と仲良しになれ

3 クレージーから発想が生まれる

4 社会から外れたら自己表現はできない

5 ガスを抜かずに自分の世界を作る

6 ヴィジョンとアイデアは書いて育てる

7 プロの才能と張り合う

8 仕事の中で疲れない一点を見つける

9 素直で貪欲な態度で人に向かう

1
評価の基準は自分が決める

年功序列・終身雇用が当たり前だったひと昔前と違い、派遣社員や契約社員など非正規の社員が増えて、いつクビになるか分からない、そもそも会社にも入れないという状況で、将来に不安を抱くのは当然です。

年収二〇〇万円で自信を持てと言っても難しい。私も年収が二〇〇万円もなかった時があるので、そこでくすぶっている人の気持ちが手に取るように分かります。

ややもすれば、精神のバランスを失いかねません。その時に自己否定という負のスパイラルに入らないように注意する必要があります。

そのためには、評価の基準を自分が決めることです。

世の中は収入や肩書きで人間を評価しがちですが、自分の評価基準は自分で決める。

たとえば、派手な仕事というと、芸能界の仕事を思い浮かべるかもしれません。

私はテレビの番組で、劇作家で女優の渡辺えりさんとご一緒することがあります。彼女は二〇代のころから自分の劇団を率いて、舞台で活躍している天才的な演劇人です。

彼女ほど有名になっても、未だに舞台のチケットを売るのは大変だそうです。二〇〇席の劇場を何日間か埋めるために、あらゆる機会に告知して、劇団員はチケットを売らなくてはいけません。

好きな演劇をやっているという燃焼感はありますが、やはり大変は大変なのです。一見派手に思える芸能人も、地道に地味な仕事をしているものです。

一方で教師を地味な仕事と思う人もいるかもしれませんが、教員養成の仕事に二〇年以上携わってきた身からすると、中学校や高校の教師ほど派手な仕事はありません。

毎日、五クラスを教える教師は、二〇〇人の生徒に知識を与え、影響を及ぼします。

うまくいく時もあれば、もちろん失敗もあります。あるクラスではうまくいったけれど、別のクラスではうまくいかないということもあります。

そんな生の体験を通じて、貴重な時間を共有しながら、目の前の可能性に満ちた子どもたちの成長にひと役買うことができるのです。

しかも部活や文化祭や修学旅行があって、日々泣いたり笑ったり。「先生、本当にもう学園ドラマですよ」と、教師になった卒業生は口をそろえて言います。

それは教師のみが得ることのできる充実感であり、お金に換えることのできないハイリターンです。

2 不安と仲良しになれ

トークショーで広告クリエイターの杉山恒太郎さんとご一緒する機会がありました。杉山さんは電通で「ピッカピカの一年生」「セブンイレブンいい気分」といった数々の名コピーを世に送り出し、二〇〇二年のサッカーワールドカップ招致のクリエイティブ・ディレクションも手がけました。

彼の『クリエイティブマインド』（インプレスジャパン）という著書に、うまくアイデアが出ずに日常的にイライラを抱えている状態が書かれています。まさに「くすぶっている状態」です。

これまではアイデアが出たけれども、もう次は出ないかもしれない。焦りと不安にいつもさいなまれている。頭を掻《か》きむしっている。周りもピリピリしている。その時の杉山さんの助言は、

「不安と仲良しになれ」

どういうことでしょう？

ある時、杉山さんのアドバイスで映画作りにチャレンジした後輩がいたそうです。すると、撮影を中止しなければならないような事態に毎日のように見舞われて、その後輩は不安どころか絶望しかかりました。

暗く塞ぎ込んでいる後輩に杉山さんはこう言葉をかけました。

「いいなあ」

そんなふうに苦しめてうらやましいな、という意味です。

映画を作るなんてみんなの夢じゃないか。そんな顔してちゃもったいない

よ。「いいなあ」という四文字の言葉が後輩の思考回路を切り替え、彼は生き返ったように変わったそうです。

自分がやろうとして実際にそれができるのに、嫌気がさすことがあります。受験勉強にしても、自分がその大学を目指して決めたはずなのに、しばらくするとイヤになる、疲れてしまう、こんなに面倒臭いのだったらやめてしまいたいと思う。

そんな時、つらい思い自体を「いいなあ」と言ってくれる誰かがいるかどうか。あるいは自分で思い直せるかどうか。そうやって、不安と仲良しになれるかどうかだと、杉山さんは言います。

たとえば貧しい国の子どもたちから見れば、「受験勉強なんかで悩めてほんとに余裕があるんだね」「そんなことで悩めていいなあ」となるでしょう。

黒柳徹子さんは著書『トットちゃんとトットちゃんたち』（講談社青い鳥文庫）の中で、一〇歳すぎの子がエイズにかかる可能性があっても売春しなければ生きていけないハイチの状況を紹介しています。

「怖くないの？」と子どもに尋ねたら、「エイズになっても何年かは生きていけるでしょう？　私の家族は、明日食べるものがないんですもの」という答えが返ってきた。

それは極端な例かもしれません。しかしそうした子どもと比べれば、自分がイライラしている、くじけている、くすぶっているのは、ある意味最高に贅沢な状態であるのは明らかです。

昔は小学校を出るか出ないかで丁稚奉公して働き始める子もいました。

今はずいぶん豊かになりました。揺らいでいていいという時期は、豊かさが生み出した余裕でもあります。豊かさゆえにくすぶることができるわけです。

「不安と仲良し」になれる余裕が社会にある限りは、とことん仲良くしておくべきです。

3 クレージーから発想が生まれる

杉山恒太郎さんは「すんなり進む仕事なんかないんだ」と話します。

「だいたい縛りがなければ仕事はクリエイティブにならない。予算も自由で何やってもいいなんて言われたらアイデアなんか湧かない。こんな低予算で、クライアントの注文もうるさくて、どうすりゃいいんだよ。アイデアが生まれるのは、そういう状態だ」と。

大ヒットしたソフトバンク「犬のお父さん」のＣＭを作った佐々木宏さんと仕事でご一緒したことがあります。佐々木さんはサントリーの缶コーヒー「ＢＯＳＳ」の「宇宙人ジョーンズ」シリーズをはじめ、ヒット作をいくつも作った電通出身の広告マンです。

「犬のお父さん」のＣＭは、最初は予算がなくて人間が使えないから犬にしたそうです。割引プランの「Ｗホワイト」にちなんで白い犬を二匹連れてきました。

佐々木さんによると、「時間もないし、お金もない。どうするんだ？　ホワイトだから白い犬だ。Ｗだから二匹だ。犬だったら安いだろう」。

そして次は「お父さんを犬にしよう」と発展していったそうです。

どこからどんなアイデアが飛び出るか分かりません。

縛りがあって、せっぱ詰まったほうが、ポンとアイデアが生まれるものです。

アイデアが生まれて動き出したら、次にこれもあるね、あれもあるね、と転がっていきます。

広告の面白さは、クライアントからのさまざまな要求を全部のみ込んだうえでやるところでしょう。

一方で、クライアントの要求をすべて受け入れ、自分の好みや趣味が何も入らないCMを作っても、面白くもなんともありません。メッセージを伝えるだけでなくて、面白くなければCMではない、という縛りがあります。面白さはマーケティングを繰り返しても出てきません。

杉山さんはそのあたりを「少しクレージーになれ」と表現しています。作り手が「少しクレージー」になることで思わぬアイデアが出てきます。

もちろん、常識人でなければ仕事はできません。ものすごく面白い発想は頭のおかしい人から出てくるわけではなく、ものすごく常識のある人から出てきます。その人が「少しクレージー」になる時、誰もがハッと打たれるアイデアが生まれます。

常識があって、依頼者のリクエストに応えられる。しかもクレージーに。とんでもなくバカな遊びもするし無茶もする。延々と雑談もする。そうして面白い作品が生まれます。

外から見れば遊んでいるのか働いているのかよく分かりません。では楽かと言えば、期限に追われて苦しんでいるわけです。

本当にはまって仕事をしていると、オンもオフも境がなくなります。

たとえば本当に教師に向いている人は、帰宅後も「ああ、明日これを子どもたちに言ってやろう」と思いついてはソワソワします。一時間の授業のために一〇時間の準備をします。

それを時給で計算すると、時給四〇〇〇円が四〇〇円、なんてことも起こります。

苦しいことが楽しみになるし、今は仕事、今はプライベートなどという感覚もなくなります。自分はこれをやりたいからやっているという出発点に立つと、自分のプライベートまで侵すようにアイデアが湧いてくるものなのです。

ソワソワするようになれば、しめたものです。

4 社会から外れたら自己表現はできない

精神の石油エネルギーがそもそもなければ、一気に噴出させることはできません。せっかく仕事に就いたのに、パワーが出てこず、エネルギーが爆発しません。なぎ状態とでも言うのでしょうか。

もちろん、仕事が当人に合っていない場合もありますが、そもそもの石油エネルギーがないのでは、と感じることもあります。

では、「イライラ、うつうつするような不幸があればいいんですか？」と聞かれると、それも違います。私のくすぶり時代にしても、たいした不幸とは言えません。むしろ基本的には恵まれてさえいます。

私の場合、浪人するためにわざわざ東京に出てきましたが、今考えれば東京に出てくる必要はありませんでした。東京に出てくること自体が贅沢でした。

私がここで言おうとしているのは、幸不幸ではなく、意識をどう持つか、です。

意識を高く持つことで、くすぶり感がパワーに変わります。

自分の意識を高めるために、たとえば日記をつけるという方法があります。日記をつけて、そこに自分の思いをぶつけていく。書き連ねると、気持ちが高揚します。

それが危険な方向に行くこともあります。自分を正当に評価しない世の中を恨み始め、犯罪者一歩手前のような状態に至ってしまう。いわば「ラスコーリニコフ状態」です。

強い自尊心と不遇感ゆえに犯罪に向かうドストエフスキー（一八二一～一八八一年）『罪と罰』の主人公ラスコーリニコフのような心情に陥る危険性もあるということです。

中島敦（一九〇九～一九四二年）の小説『山月記』は、虎に変身した詩人が主人公の寓話です。豊かな詩才をうたわれた主人公は、「臆病な自尊心と尊大な羞恥心」ゆえに才能を磨いたり、人と交わったりしませんでした。やがて地道に努力した仲間にも追い抜かれ、ついに発狂して山に消え、虎になりました。

ここでの虎は、コンプレックスが自分を食いつくしてしまった状態を象徴しています。自尊心に見合うような社会的評価が得られないために、社会を恨みながら社会の枠から外れてしまうという意味では、ラスコーリニコフが虎になってしまったとも言えます。

コンプレックスは力に変わります。しかし、虎にならないようにしなければいけません。社会から外れてしまっては、自分の力を表現できず、正当に評価もされません。

社会から外れていかないためには、ある程度自分を分かってくれる人とつながりを持つことが大切です。人生で迷った時に、その人に会うだけで気が楽になる。

私のところにも、心の病気で会社をやめた教え子が年に一、二回訪ねてきます。

「どう?」と聞くと「いやあ。くすぶってますよ」。友だちができやすいタイプでもなく、自分の中に何かしらやりきれなさを持っています。

そういう人間には理解力のある人が必要です。そこにズルズル甘えるのではなく、少しでも分かってもらえれば、心の拠《よ》り所になります。精神の平衡感覚が保たれます。

くすぶる時期に、精神のバランスを悪くしすぎると危険です。私だって精神的にも金銭的にも大変危険な時期がありました。

バランスが崩れると、反社会的になります。人格から反社会的な感じが漂うと、取り立ててもらえなくなるどころか、人が寄りつかなくなります。

反社会的なほうが、才能があるような幻想が世の中にはありますが、両者は無関係です。

ロックは、反抗イコール才能という幻想を広めましたが、ビートルズもローリング・ストーンズも、マーケティングを視野に入れた活動です。

教授や先輩と攻撃的に議論し批判することが才能の確認のように思っていた時期が私にもありました。今ならそれが大きな勘違いであることがよく分かります。

必要なのは、表現して、理解してもらって、自分の力を発揮していくことです。社会に迎合する必要はない。淡々と社会と付き合えばいいのです。

5 ガスを抜かずに自分の世界を作る

ツイッターがはやっています。しかし、くすぶった心情をツイッターなどでやり取りして、小さな形でガス抜きしないよう気をつけてください。

私は論文のネタについて、ある時から絶対、人に話さないことにしました。話すとアイデアが盗まれるからではありません。話すと書く時のエネルギーが失われてしまうからです。

アイデア作りまではどんどん話してもいいのですが、アイデアをつかんで「あ、これだ」と思った瞬間から押し黙る。そこから二、三週間、友だちとも話をせず、一気に書き上げていました。これはくすぶりを形にするために非常によかったと思います。

一人だからこそできる仕事があります。成果を持ち寄って話し合うことはあっていいと思いますが、成果を出す前に居酒屋などで感情を小出しにしてしまうと、エネルギーが抜けてしまいます。

夜の一〇時から一二時くらいまでの時間は、くすぶりには大変適した時間です。午後九時、一〇時ごろまでは社会的な付き合いの時間でザワザワします。午後一〇時から一二時の〝くすぶりゴールデンタイム〟に、次項で紹介するノート作りなどにいそしむのです。それは自分の世界を作る時間です。ツイッターによる日常会話は厳禁。その時間はメールのやり取りをしないことを周りにも了解してもらいます。深夜〇時以降はサッササと寝ます。

受験勉強など何かを突破しようとする時は、どこかで集中しなければいけません。学生たちは友だちとのおしゃべりを延々と続けています。ずっと携帯を横に置いて勉強している人がいますが、それでは絶対集中できないし、息抜きにネットも見始めるときりがありません。

作家のスティーヴン・キングは『小説作法』の中で、執筆する時間中は、外部との接触を断ち切り、文字通り「ドアを閉める」そうです。

自分の世界を作るには、外側からの侵食を食い止める必要があります。

6 ヴィジョンとアイデアは書いて育てる

これまでも触れましたが、自分のパッションやヴィジョン、アイデアはどんどんノートに書きつけるといいでしょう。

手帳も仕事の必須アイテムですが、くすぶっている時代はノートです。そこに映画を見た感想を書いたり、気になる記事を貼りつけたりします。そういうことを私はくすぶり時代にずっと続け、その量は段ボール箱一箱分にも達しました。

パッションは表現しなければ育ちません。言葉にすることで自分の情熱を確かめ、確固たるものにします。

ヴィジョンは、将来自分はこうなっていたいと思い描くイメージです。

スイスの心理学者C・G・ユング（一八七五〜一九六一年）は、自分で夢に見たヴィジョンの意味を現実で追いかけながら人生を送った人です。

『ユング自伝』（みすず書房）には、ユングが幼少から見てきた不可解で神秘的な夢がつづられています。それがのちに深層心理学として体系化される生涯の仕事につながりました。

将来、どんなことを実現したいか。小さなことでいいのです。たとえば自分の名前がついた作品を出すというヴィジョン、夢を実現するイメージを持っていると、自然にそこに向かって寄り添っていけます。

その努力が報われるという保証はありません。いつか日の目を見るとも限りません。しかし、ノートに書きつけて一回言葉にすると、チャンスが舞い込んだ時にすばやく反応できます。

仕事で表現できなくても、今ならブログを利用すればいい。仲間を集めて取り組むこともできます。

いつどんな形で実現できるかは分かりません。常に自分を〝アイム・レディ状態〟にしておく。準備していなければチャンスはつかめません。用意があるからこそ、〝その時〟に力を発揮できるのです。

私のゼミ生の教師就職率は非常にいいのですが、面接に自分のやった授業や授業プランを全部ノートやファイルにまとめて持って行かせます。

面接の受け答えなどの練習はしたことがありません。必要なのは本物のアピールです。そのために自分の実践記録を見えやすい形にして、「この人にならせられる」という感覚を相手に持たせるのです。

たとえば、デジカメの写真をパソコンに取り込むだけではなく、プリントアウトしてノートに切って貼ります。

そこにボランティアで子供たちと一緒に出かけ遊んだ写真が一枚あれば、「子どもは好きです」という言葉よりも、「ああ、子供たちとこんなふうに遊べる人だったら信用できるよね」となります。

ノートにはその経験で自分が得たこと、知ったことを書いておきます。

小学校で書く社会科見学ノートのようなものですが、そうした手作業は、就職活動や職場で生かせます。

社会科見学ノートや作文、理科の実験でやった仮説、実験、観察、記録という一連の基本作業、夏休みの計画、修学旅行の事前調査と事後報告。これらをきちんとやっていれば、小学校を終えた段階で、社会でやっていくための基本ワザは身についていました。だから、戦前から日本の小学校のレベルは世界のトップでした。

その大きな理由はノート作りにあったと私は思います。

就職に向けて日々のニュースを知りたいのなら、インターネットでチェックするだけではなく、図書館に行って、さまざまな新聞から選んだ記事をコピーして、それをノートに貼ったほうが身につきます。

日々のニュースそのものは一週間遅れでも大丈夫です。それよりも、原発事故を検証するシリーズや連載など、ニュース以外の特集記事のほうが役に立ちます。新聞は一定期間を過ぎるとゴミ同然なので、ゴミになった一週間分の新聞をもらってきて、切り抜く作業を習慣化してもいいでしょう。

ある年齢からの読書は、ただ読むためだけではなく、それを身につけなければ意味がありません。飛ばし読みでもいいので、ぐっと来た名文は原本に当たり、前後四ページくらいをコピーしてノートに貼りつけます。

コピー機は私も自宅で活用しています。コピーを取ってファイリングすることで自分の意識が変わります。切り貼りの作業をすると、不思議と意識が研ぎすまされます。

イラストレーターのみうらじゅんさんは、幼少から怪獣と仏像、エロ写真を切り抜いてスクラップし続け、貯め込んだエロスクラップファイルは二〇〇冊を超えるそうです。この膨大な作業の本質は切り貼りという手作業にあります。そこに情念がこもる。だから深まるのです。

新聞だったら切り抜く、雑誌だったらコピーする。切ってコピーして貼って、という手作業が、私たちの〝狩猟本能〟を目覚めさせるのかもしれません。

7 プロの才能と張り合う

たとえば、私が今コピーライターになれと言われたら、コピーの研究をします。

出発点としては、いいコピーに出会ったら逃さず収集します。あるいは、この三〇年の名作コピー、世界のコピーを調べます。三〇年前のコピーを使えば案外斬新なのではないか、少し風合いの違う言葉を使ったらどうか、などと考えるでしょう。

そうやって研究すると、センスはコピーライターとして超一流ではないかもしれませんが、ある一定ライン以上のものは出せるはずです。時間もさほどかからないでしょう。才能で勝負せず、研究力で勝負するからです。

プロの才能に出会うと、本物のすごさに圧倒されます。二〇一一年に東京・上野の国立西洋美術館で開催された「ゴヤ展」でのこと。一二年に入り、まもなく展示が終わるというころ、スペインのプラド美術館から来たゴヤの名作「着衣のマハ」につけられたコピーに私は衝撃を受けました。

「私をこのまま帰す気？」

負けた！　と思いました。私では絶対思いつけないコピーです。あらためて「着衣のマハ」を見ると、マハの挑戦的な目が「私をこのまま帰す気？」と言っているように見えます。スペインの街の女の気概さえ伝わってきます。

プロでなければ行けない地点があることを痛感しました。

凡庸なコピーなら一〇〇も二〇〇も思いつきますが、これ以外ないという地点まで行けるのがプロです。

プロの圧倒的才能に出会ったら、「ウワッ！」と驚く。自分がコピーライターと張り合う気持ちを持っているからこそ、「ああ、負けた！」と衝撃を受けるのです。

どんな業種でも張り合う気概があれば、プロの仕事とはなんたるかが分かります。プロの仕事が分かれば、本当にいいものを見極める眼力がつきます。眼力がつけば、本物を集めることができます。

「ピッカピカの一年生」でも「セブンイレブンいい気分」でも、二〇年経ってもみんなが覚えているという恐ろしいまでの浸透力を持っています。これが本物です。

私はスポーツ選手をリスペクトしています。というのも、これまでサッカー、テニス、卓球、武道などをやってきて、一流のスポーツ選手がいかにすごいかを身体感覚として知っているからです。自分がやることを前提にして彼らの競技を見つめています。

少しでもかじっていると、一流のすごみが分かります。部活のかじり程度でも体操をやってみると、大車輪ひとつがいかに難しいかが分かります。すると、体操の内村航平選手の演技を見た時の衝撃の度合いが違います。

張り合っていなければ、本物に出会っても衝撃を受けません。美術館で名画を見て感動しないのは、自分が描くつもりで見ていないからです。

プロと張り合い、プロの立場に立つことで、知識や技術が身につきます。

一流の仕事をしている人は忙しいけれど、不親切というわけではありません。もちろん礼儀も必要だし、聞くタイミングも必要です。しかし、礼儀をわきまえて尋ねれば、ほとんどはきちんと答えてくれます。

野球の落合博満さんもおっしゃっていました。「（バッティングのコツを）聞かれたら教えるのに、聞いてこないんだからしょうがない。プロだから、自分から教えるというのも変だろ。でも本当に悩んだら聞いてくるはずだ」と。

ダルビッシュ有《ゆう》選手も同じようなことを話していました。

オールスターの時に、敵軍のベンチに行って「尋ねる」選手がいます。その時にしか会えないから聞きに行くわけです。オールスターに出るくらい自分も一流なのに、それでもさらに上を目指して尋ねる。そうやって力のある人はさらに力を磨くのです。

聞く時には素直さが大事です。調べれば簡単に分かるのに、手間を省きたいから聞くという横着な姿勢ではダメです。絶対必要なことを、ポイントを絞って聞く。「こいつはじっくり話ができる相手だ」と思わせることです。そうすれば、相手との関係も深まります。

「求めよ、さらば与えられん」（『新約聖書』マタイ伝）。人間は求めている人にはつい大事なことまで話してしまいます。

8 仕事の中で疲れない一点を見つける

自分の気質とか仕事の向き不向きを見極めるコツは、自分がこれだと疲れないという一点を見つけることです。

同じ労働時間なのにまったく疲れない仕事と、ものすごく疲れる仕事がありますす。似たような業界の仕事で微妙な違いなのに、こっちは疲れてあっちは疲れないという差があります。

疲れない一点をうまく仕事の中で見つけられると、仕事を仕事と思わず、いくらでも働けます。

人によって疲れるポイントが違います。経理の計算をしていたらイライラする人と、落ち着く人がいます。掃除をするとすっきりする人と、どっと疲れる人がいます。一日中ゲームをやって疲れない人、疲れる人。私なら三〇分も持ちません。

「疲れにくさ」は、トレーニングによって身につけることができます。たとえば字をいくら書いても疲れないという耐性は訓練によってつけることができます。それだけでも相当使える能力です。他の人なら疲れるのに自分なら疲れないというポイントがあると、それは強いウリになります。

仕事に繰り返し作業はつきものです。クリエイティブな仕事でさえ例外ではありません。疲れない一点を見出すと、いざ仕事になった時にその反復に耐えられます。

くすぶり時代にぜひ「疲れない一点」を見つけてほしいと思います。

9 素直で貪欲な態度で人に向かう

社会で孤立してしまうと、人間関係の薄さが身分の不安定さにつながります。引き立ててくれる人がいないと生きづらいものです。

学生時代の私は引き立ててもらえるような人格ではありませんでした。しかし、友だちが少なく、どの先生ともうまくいかない私のような人間でも、面倒を見てくれる師がいました。栗原彬先生という政治社会学の大先生です。

週一回、論文について相談しに伺うと、先生から「それでいいんじゃない」「でもこういうのもあるよね」「こういう本も読んでみたら」といった助言をいただきます。先生の助言は素直に聞きました。その助言を試しては、結果をまた報告する。先生から紹介された本は、次の週までに読みました。

そんなことを繰り返すうちに、軽い師弟関係ができて、寂しい生活にも一筋の光明が見出せました。一週間ごとに学んでいる、しかも一流の人に確認しながらことを進めていると思えると、生活はカツカツで社会的身分はなくても、前に進んでいる手応えをちゃんと得られます。

栗原先生は私の大学の先生ではありませんでしたが、バイト先を紹介してくださったり、助手として使ってくださったりしました。私の姿を見かねてのことだと思いますが、そんな関係が四年間くらい続いたおかげで、私のくすぶり時代は精神的にも金銭的にも救われました。

何かをつかもうとくすぶっている人、学ぼうと思って向かってくる人には、みんな優しいのです。

素直で貪欲な態度で人に向かっていくと、縁が増えていきます。その時の貪欲さとは、金銭的な損得抜きの貪欲さです。縁を利益につなげようとすると臭さが出ます。

素直な貪欲さは最終的には大きな利益に至るものです。

一流の仕事をしている人は「当たり前の基準」が違います。

栗原先生に日本語にも英語にも訳されていないドイツ語の厚い原書を持って行って相談すると、「まあそれはドイツ語で読むしかないでしょうね」とあっさり言われました。「やっぱりそうですよね」とドイツ語で読む。

フランス語の重要作品について「翻訳書だけではダメですよね」と聞くと、「フランス語ですね」と当然のように言われて、フランス語で読む。

外国語から逃げていても仕方がありません。先生のおかげで、私は自分の知りたいことの範囲は原著で学ぼうと覚悟できました。

スタンダードをどこに置くかです。くすぶり時代は、一流の基準を設けたほうがいいでしょう。

孔子（紀元前五五一～紀元前四七九年）が弟子たちに『詩経』の詩三〇〇篇を覚えることをすすめる場面が『論語』にあります。「詩三〇〇編を、ひと言で言えば、心の思いに邪《よこしま》なしである」と。

しかし、弟子たちはなかなか覚えません。孔子が「おまえたちはこれを読んだか」と繰り返し尋ねます。孔子に面と向かって言われているのに、読まない弟子がその時代にもいたのです。

ある日、高弟の子貢が孔子と問答している時に「『詩経』にもこういった言葉がありますが、先生の言葉もこれと同じ意味でしょうか？」と問うと、孔子は「おまえこそ共に詩を語り合える。打てば響くとはこのことだ」と喜びます。

子貢は師の言葉から師のスタンダードをつかみ取ったわけです。『論語』でこの逸話を読んで、「じゃあ三〇〇篇を覚えてみよう」とつかむ人はつかみます。論語のエピソードのひとつひとつから孔子のスタンダードを体感します。

そうすることで生活に軸ができます。結果がどうであろうとも、古典の言葉を胸に刻んで過ごした時間には誇りが持てます。

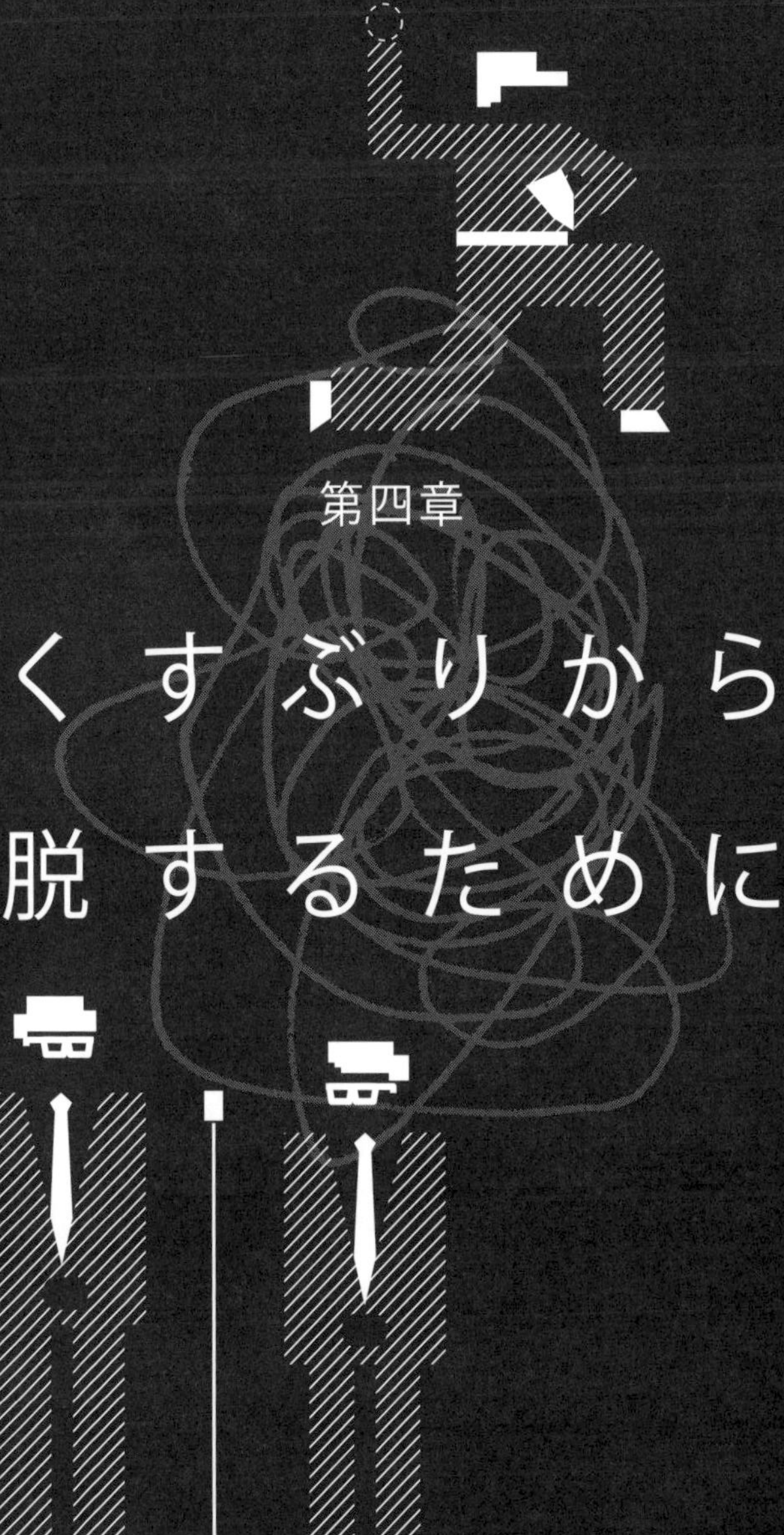

第四章

くすぶりから脱するために

自分でチャンスをつかむ

くすぶっている状態から脱するには、チャンスをつかむことです。

自分に力があるかないかは、チャンスをつかんで仕事をして初めて分かります。チャンスをもらえなければ、力を発揮しようがありません。だから、才能があってもチャンスがつかめず、埋もれてしまう人も少なくありません。

くすぶっている時の弱点は、尊大になってしまうことです。『山月記』で虎になった詩人のように、「臆病な自尊心と尊大な羞恥心」に満たされていると、他人にすがってでもチャンスをつかみ取ろうという〝外向けのアプローチ〟ができなくなります。

自分の内部で完結しているので、社会的な人脈を使って仕事をもらうというモチベーションが湧きません。

私自身がそうでした。時が来れば自分も評価されるはずだと思っていましたが、まったくそんな兆しはありませんでした。

くすぶるほどに才能なり作品なりを内に秘めていることを、他人は知るよしもありません。だから自分でツテを頼ってでも売り込みに行かなければ、自分が入りたい世界に食い込むことはできないのです。

業界ごとに同業者のネットワークがあります。業界内の人からは、それまでは知らなかった「役に立つ情報」を得ることができます。中に入れば、簡単に得られる情報も外にいると分かりません。

だからこそ、とりあえず目当ての業界に入ることが成否を分けるカギとなるのです。

おぎやはぎの面接攻略法

問題はどうやって入るかです。

再びお笑いコンビのおぎやはぎの登場です。高卒後にサラリーマン経験のある二人が、ラジオで自分たちの面接攻略法について話していました。

高倍率の会社面接を突破したという小木さんは、「面接官を見て『何をほしがっているのか』を見抜くのがコツ」と言います。

百数十人受けて採用枠が一人の旅行会社を受けた時は、面接官の体格を見て体育会系だと見抜き、自分のサッカー歴に話を持っていきました。ラグビーをして膝をけがしたという面接官から「小木君は体力に自信はあるのかね？」と聞かれたそうです。

普通は「体力なら任せてください」と答えるところ、アピールポイントがほしいと思った小木さんは、

「僕は、膝の柔らかさは誰にも負けません」と答えました。

膝の柔らかさをアピールした人は他にいないでしょう。小木さんは「面接官にないものをアピールする。それだけ魅力があることだから」と話していました。

矢作《やはぎ》さんのほうは、やはり採用枠一人の海外事業部を受けて合格したそうです。面接で英語の力を尋ねられた時、普通は「大丈夫です」などと答えるものですが、彼は「それくらいじゃダメ」と言います。矢作さんの答えは、

「僕から英語を取ったら何も残りません」

面接官はクスッと笑って見事合格。入社後、英語がまったくダメなことがバレて「全然、言ってたことと違うじゃないか」と言われた時は、「てへへっ」で応じたそうです。

採用する側にとっては、彼のハッタリがどこか心強かったのだと思います。「ウソかもしれないけれど、心意気のある人材がほしい」と思うはずです。二人は立派な攻略法で就職したと言えます。

おぎやはぎの二人はお笑いの世界に入る前に加藤浩次さんと知り合いだったことで、業界の水準や雰囲気を知ることができ、「やれそう」と思ったそうです。とにかく業界に近づくことが大事です。

論より小さな証拠

くすぶっている時は、頭で考える時間が長すぎて、エネルギーがグルグル渦を巻いています。そのエネルギーを具体的な作業に向けると、うまく回転していきます。

私は自分の研究についていろいろ考えるあまり、一年半くらい論文を書かない時期がありました。しかし、それでは論文のレベルは上がりません。自分では深くものを考えているつもりで、飲み屋ではよく論じていましたが、論文という形にならなければ結局、何もアピールできません。

大学院時代にせっぱ詰まって、「これ以上論じていても仕方ない」と考えを変え、論文の数を増やすことにしました。年間一、二本だった論文の数を七、八本に増やしました。

それがすぐに結果につながったわけではありませんが、小さなことでも証拠や結果を残し、仕事や実績が積み重なれば、少なくとも自分は口だけではないと自信を持てます。

最初から大きく何かをやろうと思うと、力みすぎて意識ばかりが前のめりになります。大口を叩くばかりで、結局は何も達成できません。まず、小さくても目の前にあることをしっかり完成させることです。

くすぶっている学生時代に友人と侃々諤々《かんかんがくがく》の議論を交わすのは有意義ですが、それ以降は「論より証拠」。形に表すことです。

今はブログやフェイスブックなど外に向けて発信する媒体が多くあります。私の二〇代は、論文を書いても読むのは二人くらいでした。当時の私から見れば、ネットで自分の文章を世界に発表できる今は、天国のような状態です。

英語教師を目指す学生の授業では、私は「ヤング・ブラッド・ダイアリー」

（若き血の日記）と名づけて、「若い血が沸き躍るようなことを何でも見つけて毎日のように英語で書き続けろ。ストレス発散のためでもいいから書きまくれ」とけしかけます。

それをフェイスブックに載せれば、世界の誰かが見るかもしれない。『モテキ』という映画を見て面白かったら、それを全世界に配信すれば、気分がいいでしょう。

自己満足の面もありますが、英文で表現するという行為を続けている事実は自信になって、英文を書くことに抵抗がなくなります。機会を得て「これが私の日常です」とプリントアウトした英文日記を見せれば、何かしらのアピールになるはずです。

ドイツの文豪ゲーテ（一七四九～一八三二年）も言っています。

「いきなり大きい絵を描こうとしてもダメで、とにかく小さいものを仕上げろ、小さいところから始めなさい」

「詩人の心に沸き上がる感情や思想をその日その日のうちに小さな作品に仕上げていけば、どんな作品も無駄にはならない」（エッカーマン著、山下肇訳『ゲーテ

との対話』岩波文庫）

若い時はどうしても大きく構えすぎます。小さなことでも、実績になることを考えましょう。

自分の責任の領域を作る

小さくてもいいので、自分が責任を持てるフィールドを作ると、そこから世界が拓《ひら》けるものです。

野球の王貞治さんが、選手引退後、助監督をした経験について、一軍の助監督よりも二軍監督のほうが勉強になっただろうと振り返っています。

助監督は、あくまでも監督の補助で、最終的な決断は監督がします。しかし、二軍監督なら自分で決断しなければいけません。一軍で補佐役に回るよりも、二軍で全責任を負ったほうが勉強になったということです。決断する責任を負うことで成長します。

福岡ソフトバンクホークスでは、王監督の退任後は、二軍監督をしていた秋山幸二さんが新監督に就きました。

いきなり大きなフィールドを与えられる人はいません。小さな場所で自分の責任でやらせてもらう。自分が全権限と全責任を持つ場を与えてもらえると、やる気につながります。

営業職で言えば、「このワンブロックだけ自分のやり方でやらせてもらっていいですか？」と言ってそこで結果を出します。結果が出たら、少し場を広げる。そうして守備範囲が大きくなっていきます。

最初からすべてを自分のやり方ではできないし、すべてが他人の言う通りでは、力がつきません。「責任を持ってやりたいので、この部分だけやらせてください」という言い方をすると、「試しにやらせてみるか」となります。

勝負をかけて、失敗するかもしれません。でも、フィールドが小さければ、失敗しても修正が可能です。「こうやってうまくいかなかったんですが、どうすればいいですか？」と相談しながら進めると、傷は浅くてすみます。うまくいっている時は報告だけを忘れずにします。

いきなり大きなスケールよりも、まずは小さなフィールドで経験を積む。少しずつステップアップすればいいのです。オーケストラの指揮でも、いきなりベルリン・フィルなんて無理です。

小さなフィールドでは、いろいろな実験をしてみましょう。成功する人は成功前にだいたいのことはできています。逆に言うと、仕事を与えられた時は、ほとんどのことができる状態になっていなければ、使い物になりません。

ミニチュア版での実験は貴重な経験となります。

サンプルを作れば話は早い

意欲や能力があっても、相手にそれを伝えるのはそう簡単ではありません。そんな時のために、「自分ならこういう企画をやってみたい」というサンプルをあらかじめ作っておきましょう。

たとえばイラストレーターなら、実際のイラストが手元にあれば、「こういう仕事をしています」と見せることができます。可愛いキャラクターからシリアスなタッチまで、いくつかのパターンで描き分けたイラスト集を作り、紹介文と連絡先を記して、機会のあるごとに配れば、受け取る側は即座にこちらの仕事の質と領域を把握できます。

私自身、ベストセラーになった『声に出して読みたい日本語』（草思社）は、自分で企画を立て、章立てをし、『枕草子』「春は曙」などの原文と私の解説文を並べたサンプルをいくつか作って出版社に送りました。

サンプルがあれば、実際に印刷された時のイメージが誰にでも分かります。すると、企画会議でも話が早くなります。この企画は担当編集者に会う前に通りました。サンプル効果でした。

映画監督の黒澤明（一九一〇～一九九八年）は助監督時代、毎日シナリオを書き続けていたそうです。映画はシナリオが命だという信念のもと、疲れても酒を飲んでも、帰宅したらシナリオ書きという地味な作業を日々続けました。「撮ってみたいシナリオがあるか？」と聞かれたら、二〇や三〇はすぐに出てくる。常にスタンバイ状態でした。

黒澤監督はもともと画家志望でくすぶっていたそうですが、セザンヌを見るとセザンヌのように描きたくなってしまう自分は画家になれないことを悟りました。絵の才能は映画の絵コンテ作りに生かし、撮影現場の美術や小道具のイメージ作りのサンプルとして役立つことになるのです。

作家の村松友視《ともみ》さんは、デビュー前に段ボール箱いっぱいに小説が貯まっていて、デビュー後は毎月、作品を出せたそうです。

サンプルがあれば、プロや業界の人にコメントをもらうことができます。自分のアイデアや作品は、客観的な批評で鍛えられ育てられます。自分自身や仲のいい友だちでは当てになりません。

プロは善《よ》し悪《あ》しの判断を即座にできます。全然ダメなのか、この方向性でいいのか、ひと言もらうだけでも、ずいぶんと役に立ちます。

音楽プロデューサーの小林武史《たけし》さんは、曲を一度聴けば、どこをどうすればよくなるか瞬時に分かるとＴＶで言っていました。プロとは、そういうものです。

アイデアは盗まれてもかまいません。自分が一生懸命考えて作った言葉やコンセプトが発表した直後に誰かの本に使われたりもします。

盗まれてこそ一人前です。「盗むなら盗め。普及するからありがたい」くらいに考えて、出し惜しみせずにどんどんアイデアを出す。すると、アイデアを形にする作業がだんだん習慣化してきて、センスも技術も磨かれます。

盗むなら盗め 出し惜しみしない

仕事は超前倒し・相手に合わせて

仕事をもらったら、前倒しどころか「超前倒し」でやることです。

くすぶっている時は、ヒマでエネルギーが貯まっています。くすぶり気質の人はたいてい人付き合いも悪いので、時間はありあまっています。その時に仕事が入ったら、締め切りよりもはるかに早く仕上げて持って行くのです。

「えー！　もう持ってきたの!?」と驚かれるくらいに、です。修正の要求にもすぐに応じて、さくさくと仕事を進めます。

若かりしころ、私もそうして仕事を手にしました。朝日新聞社から、当時私が提唱していた「腰・ハラ文化」について寄稿依頼があった際、翌日に原稿を送付しました。その早さに驚いたデスクが私の意欲を買って、即座に学芸欄に掲載してくれました。超前倒し主義が効きました。

さらにその記事を見たＮＨＫ出版の編集者から出版の打診があって、『身体感覚を取り戻す』（二〇〇〇年）という本が生まれ、新潮学芸賞を受賞します。

ひとつの依頼をいかにチャンスに変えるか。前倒しの効用を軽んじないことです。

加えて忘れてはならないのは、「相手がいいと思うものがいいもの」ということです。

くすぶり気質の場合、「自分がいいと思うものがいい」と思い込みがちです。出発点はそれでいいでしょう。最初から他者に価値の源泉があるというのは間違っています。スタートは自分がいいと思うものを追い求めることです。自分が価値の源泉であることが基本です。

しかし、主観にすぎることが多々あります。どうやって主観に偏らない自分の価値体系を築き上げるか。

私が推奨するのは、自分が尊敬する人物に焦点を合わせる方法です。

誰にもあこがれの人物、目指したい人物がいると思います。その人物がいいと思うものを全部調べ、それを自分に全部つぎ込んで、そこに自分の価値観の軸を合わせていく方法です。

そうすると、「自分がいいと思うもの」が一人よがりではなくなります。好きなものの価値観がぶれなくなる。そのうえで基本的な価値体系を構築します。

自分のセンスが悪いと思う人は、「この人のセンスはいい」と感じる人をまず見つけ、その人がいいと言うものを理解する。

たとえば、この人は信用できると思った映画評論家がいたら、その人のおすすめ映画はすべて見ます。山田洋次監督のセンスがいいと思って、山田監督が選ぶ映画一〇〇本があれば、その一〇〇本を見ます。そこで作られた価値観なり美意識は、自分の価値観と美意識と言っていいものです。

さて、そのうえで具体的な仕事に入った場合は、目の前の人が「いい」と思うかどうかです。自分の価値観を優先させて、自分がやりたい仕事をやるのではなく、相手がやりたい仕事をやるように修正する意識が大事です。

超前倒しでさくさくやって、「ダメな場合はどんどん修正します」という主義で臨みます。まずい点を指摘されれば、即修正します。三日で三往復して修正を重ねると、だいたいはＯＫとなります。

相手がこちらを試す場合もあります。この人はどれくらいやる気があるのか、突き返してどれだけやってくるか。そこに食らいつけば、「こいつは見どころがある」となります。

弟子入りの願いに対して一回目は必ず断るという師匠は、一人や二人ではありません。一回断ってあきらめるくらいなら、それだけの志と判断する。

仕事にしても、とりあえず全部断って、それでも来る人の話は聞く。それも断って、それでも来たら初めて引き受ける。そういうふうに仕事を決める人もいます。

私が大学で書いた論文のほとんどは当初落とされました。本来であれば、教授のところに相談に行き、論文を修正しなければいけないのですが、私はそれをよしとしませんでした。結局、論文は通らず、苦労したのは自分でした。

論文が通らなくても学者はそれくらいの気骨を持つべきか、それとも修正に応じるべきか。本当の成功は、どちらの道か分かりません。

分かりませんが、ある年齢を超えた時に、そこまで我《が》を張っても仕方がないという局面があります。仕事が回ってくるようになれば、自分の主張は五パーセントずつ増やせます。〇パーセントから五パーセント、五パーセントから一〇パーセントへと実績によって発言権が強くなります。最後に司馬遼太郎クラスになれば自由自在です。

実社会とは、相手主導の世界なのです。大学入試と一緒です。入学するには、相手の大学が出す問題に答えるしかない。当たり前のことですが、意外とくすぶり期間には理解できないものです。

テレビ番組の打ち合わせで苦労したことがあります。私が出した日本語に関するアイデアを、担当ディレクターはよいと言うものの、総合演出のダメ出しで八割がボツとなりました。それで私がディレクターにお願いしたのは、今後は総合演出と方針を詰めた段階で話を持ってきてくださいということでした。

誰のチェックを受けないと企画が通らないのかを明確にする。強い権限を持っている人を押さえてから話を進める。相手主導の状況を前提に、仕事の段取りを考えるようになりました。

弟子入り意識で内側に入る

チャンスをつかむために、目指す業界の実力者に弟子入り的な食い込みをするという方法があります。

ビートたけしさんによると、弟子になるためにどんな手を使ってくるかということ自体がコメディアンの資質として重要だそうです。浅草に飲みに行った時に下足番のようにして張り込み、アプローチをかけてくる人もいたそうです。

一番利口なのは、たけし軍団の一人と友だちになって飲み会に紛れ込み、気がついたらたけしさんの隣で飲んでいるというやり方です。「ところで誰だ、おまえ?」という状況です。

「そこに座っている時点でそいつには才能がある。そうした努力や工夫をしているところに見込みがある」というわけです。

師匠とのやり取りや弟子同士が切磋琢磨する時間は濃いです。仰ぎ見る師匠と同じ時間を共有したことそのものが、仕事だけではなく、その人の人生を豊かにします。

落語家の柳家小三治《こさんじ》さんが、五代目柳家小《こ》さん（一九一五〜二〇〇二年）に弟子入りした時の逸話を語っています。掃除や雑用ばかりやらされて、ついに一回だけ師匠の小さんに落語を聞いてもらった時、「おまえの話はつまんねえな」のひと言ですまされたそうです。

これすら話のネタに使えるひとつの財産でしょう。

また、政治家の秘書は、現場の仕事をさせてもらうことによって、その仕事のなんたるかを内側から学ぶことができます。スケジュール管理だけではなく、本当の悩み、面倒臭さといった政治家の本音を直に聞くことで、内側でしか分からない経験ができます。人間関係の作り方やお金の使い方は他の仕事にも生かせます。

何でも上手に仕事をこなす六〇歳前後の人と仕事をしたことがありました。いろいろなことを知っていて、電話の受け答えにしても微妙に普通のおじさんと違います。

「以前は何をやっていらっしゃったんですか」と聞いたら、「政治家の秘書でした」という答え。やはり世の中のことが分かっていると安定感があります。顧客に対する態度も分かっています。

赤塚不二夫のお弟子さんには、『釣りバカ日誌』の北見けんいちさんや、『トイレット博士』のとりいかずよしさんなど、その後にヒット作を出した人たちがたくさんいます。赤塚不二夫が生産の真っただ中にいた時に、アイデアを出し合って仕事を手伝った人たちです。

お弟子さんたちは「赤塚先生はモーツァルトのようだった」「先生のコマ割りには、直しがいっさいなかった」などとその天才ぶりを振り返っています。アシスタントをすることで、本当の才能がいかなるものかが分かります。一流のスタンダードを知ることができます。それは独り立ちした時に、必ず仕事に生かされます。

今の時代、本当の徒弟制はなかなか成立しませんが、もしやるなら、「こいつがいると助かるな」と思われるようにふるまうことです。

私は弟子を取っているわけではありませんが、たまに学生が「教えてください」と請うてくることがあります。しかし残念なのは、彼らのほとんどが、私の都合を考えないことです。むしろ、自分だけを特別扱いしてくれるかどうかだけに関心があるように見えます。

これでは教える側の負担が増えるだけです。

発想を変えて、相手をいかに楽にしてあげるかを考える。するると、師匠もその弟子がいると自分が楽なので、あちこちに連れて行きたくなります。

一流の人間は太い人脈を持っています。師匠の仕事がさばききれないほどに増えた時、代わりが必要となります。普段から師匠のためにいい働きをしていれば、「じゃあ今度、こいつを使ってやってくれませんか」となるものです。そこでうまく結果を出せれば、師匠よりギャラの安いその弟子を次回以降登用しよう、となります。そこから人脈やツテが増えます。

飲み会に同席させてもらう

人と人とのつながりは社会の基本で、時代と場所を問いません。

上の人とつながっているほうが勉強になり、チャンスも増えます。人脈の作り方としては、弟子入り同様、飲み会の席だっていいのです。

私自身、無名のころ、大学の学内誌に私が書いた文章を見て、後藤総一郎先生（日本政治思想史）から、「ああ、君が齋藤君か。面白いこと書いてるね」と声をかけられたことがありました。面識はそれまでまったくありませんでした。そして、

「そう言えば、今度、ある編集者と飲みに行くから一緒に来ないか」と誘われ、同席させてもらうと、編集者を紹介してくれました。

「この人は齋藤君と言って、若いんだけど面白いことをやってるんだよ。何か一緒にやったらどうか」

先生がそんなふうにおっしゃってくださったため、私は前述の通り、超前倒しで企画書と章立てを編集者に送り、最初の新書『子どもたちはなぜキレるのか』（一九九九年、ちくま新書）ができました。それが増刷になると次の一冊が書けるとのことで、次に出したのが『「できる人」はどこがちがうのか』（二〇〇一年、ちくま新書）でした。

同席させてもらった際に、自分の話ばかりしては迷惑です。「こんなことに興味があって、すごくやりたいと思っています。また後でメールいたします」と、くわしくはメールで伝えることにします。

「ダメ元で送ってみますので忌憚《きたん》ないご意見をお願いします」と、あくまでも軽く売り込みます。その時はダメでも、いつかチャンスが巡ってくるかもしれません。

江戸時代の商人は、いろいろなところに弟子を連れて行ったものです。紹介状を書いてもらって、その紹介で次の人に会いに行く。〝紹介状文化〟が定着していました。

幕臣の勝海舟（一八二三〜一八九九年）に弟子入りした幕末の風雲児、坂本龍馬（一八三六〜一八六七年）が、勝の紹介状を携えて薩摩藩士の西郷隆盛（一八二八〜一八七七年）に会いに行くエピソードが勝の語録『氷川清話』にあります。龍馬は京都の薩摩藩邸で西郷に初めて会った感想を勝にこんなふうに語ります。

「なるほど西郷というやつは、分からぬやつでした。釣り鐘にたとえると、小さく叩けば小さく響き、大きく叩けば大きく響く。もし馬鹿なら大きな馬鹿で、利口なら大きな利口だろうと思います。残念ながら、その鐘をつく撞木《しゅもく》が小さかった」

西郷を釣り鐘に、自身を撞木にたとえた龍馬の西郷評を聞いた勝は、

「坂本もなかなか鑑識のあるやつだよ」とその人間洞察力に感心しました。

こんなエピソードもあります。

幕臣の人見勝太郎（一八四三〜一九二二年）が若いころ、「西郷を刺しに行くから紹介状を書いてくれ」と勝を訪ねてきます。この時代の「刺す」は、文字通り「刺殺する」を意味します。勝は「この男はそこもとを刺すはずだが、とにかく会ってやってくれ」とすごい紹介状を書きました。

しかし、西郷もまた西郷で「勝さんからの紹介なら」と会見に応じます。玄関で寝転がっていた西郷はのっそり体を起こして、

「先日、私は大隅のほうへ旅行したその途中で、腹がへってたまらぬから一六文で芋を買って食ったが、たかが一六文で腹を養うような男に、天下の形勢などというものが、分かるはずがないではないか」と大笑しました。

圧倒されて帰ってきた人見は勝に「西郷さんは実に豪傑だ」と感服して話したそうです。

私が明治大学で職を得たのも、飲み会の場で先輩が公募があると教えてくれたからでした。当時の私は全国の大学に応募していましたが、落ちまくっていました。

「人から人へ」が世の常です。ひとつのきっかけが可能性を次々と拓きます。そのきっかけを逃さないようにする。その心がまえが人生を少しずつ変えていきます。

人と人とのつながり

眼力のある人に出会う

人生には決定的な出会いがあります。出会いを出会いとする。つまり、「この人との出会いが自分を変えるかもしれない」という直感を大切にすることです。

メジャーリーグ入りしたダルビッシュ有選手の才能が本物であることは、誰しも認めるところでしょう。彼ほどの実力を持っていれば、人生の展開に出会いや人脈は二の次だと思いがちです。

しかし、彼には彼のくすぶり経験がありました。日本ハム入団直後の二〇〇五年、未成年で喫煙しているところを写真週刊誌に報道され、球団からは無期限謹慎、高校からは停学処分を言い渡されました。

野球人生のスタート地点でつまずいて最初のピンチに陥った時、彼は佐藤義則さんという二軍投手コーチに出会って、その薫陶を受けるのです。ダルビッシュ選手は佐藤コーチによって走り込みから変化球、投手心得まで徹底的に鍛えられます。

二〇〇七年、佐藤コーチの日ハム退団をダルビッシュ選手は嘆きますが、ダルビッシュ選手自身が独り立ちする時期だったのでしょう。入団から自立まで佐藤コーチがいたことが彼にとって決定的なことでした。

「決定的な時期の決定的な誰か」が誰にでもいるのです。

佐藤コーチは二〇〇八年に楽天イーグルスの一軍投手コーチに引き抜かれました。この際、ダルビッシュ選手が楽天にいたマー君こと田中将大《まさひろ》投手に「ヨシさん（佐藤コーチ）の言うことは間違いない」と電話でアドバイスを送ったことが知られています。そして田中投手も、投手育成に関して天才的なこの指導者に出会うわけです。

また、茨城県の流通経済大サッカー部は、これまで実に大勢のJリーガーを輩出しています。この分野で若手を育てることに傑出した人物がいるのです。テニスブームを巻き起こしたマンガ『エースをねらえ！』の宗方仁《むなかたじん》のような存在です。

見る人が見れば、才能の有無が分かります。プロスポーツは、才能がなければ、なるべく早く見切りをつけないと一生を棒に振る厳しい世界です。ダメならダメと言ってくれる存在は貴重です（もちろん、人間のやることですから、見当違い、判断ミスもあることが前提です）。

横浜DeNAベイスターズのゼネラルマネージャー（GM）の高田繁《しげる》さんは、

二〇〇五年度から二〇〇七年度まで日本ハムGMとして、球団を優勝に導く土台作りをした人です。

剛球投手として日ハムに入った糸井嘉男《よしお》選手がピッチャーとして伸び悩んでいた時、その俊足と強肩、打撃の才能を見抜いて、外野手転向をすすめたのが高田さんです。糸井選手は今や日本を代表する外野手ですが、高田さんの眼力あっての人生です。

勝海舟のもとに人が集まったのは、勝に人間を見抜く鋭い眼力があったからでしょう。その眼力で才能を見抜き、指南する役を勝は求められたのだと思います。

開国派の幕臣、勝海舟に弟子入りした坂本龍馬は、勝が進める海軍操練所設立のために奔走し、ついには薩摩藩と長州藩を結びつけて幕府を倒すわけですから、勝海舟は自分の弟子に幕府を倒させたことになります。

勝が見込んだ龍馬は、そうして幕末の風雲児として歴史にその名を刻むことになるのです。

自分を理解する人を大事にする

眼力のあるコーチ的存在に出会うことで、チャンスと学びを得ることができます。そんな存在に出会えたら、自分は何をすべきか、次の課題は「食いついていく」ことです。

私が三〇代半ばの時に、いつも隣に張りついて、私の話をメモする学生がいました。飲み会の席でも隣に座って「いやぁ、すばらしいですね」とか何とか言いながらカリカリ、メモしています。

「飲み会なんだから、まぁ普通に飲めよ」

「ボクはお酒は飲めません」

そんな具合です。「こいつ面倒臭いなぁ、おい、何とかしろよ」などと言っていましたが、彼には可愛げがありました。

「で、おまえ、将来はどうするの？」と何の気なしに聞くと、

「東大の大学院に行きたいんです。明治の学生ですけど」

「だったらさ……」

とつい指導してしまいました。しつこく食いついてくる意欲に触れると、こ

ちらも対応が変わってきます。

いつでも小さなノートか手帳を持って、人が話すことをメモする姿勢はチャンスにつながります。なぜならそんなふうにメモする人は一〇人に一人いるかいないか、だからです。

ペンとノートを持ち歩き、話をメモる。質問をする。アドバイスをもらう。次に会う際に進展を報告する。雑談に終始せず、自分の野心をメモ取りで示します。

よく耳にするのが、会社そのものが問題ではなく、直接の上司との相性が悪く、くすぶるケースです。人間社会なので相性はあります。生意気な人間が好きな人もいます。たとえば「ジジ殺し」と言って、生意気だけれど礼儀正しい人間に高齢者は好感を持ちがちです。鼻っ柱は強いけれど、きっちり礼儀はわきまえている星野仙一的人間。本当に能力のある人は、イエスマンに物足りなさを感じるのでしょう。

会社に異動はつきものです。アンテナを張っていれば、自分の力を理解してくれる人は必ずどこかにいます。

大量にアウトプットする

くすぶり時代には大量のインプットができると書きましたが、チャンスをつかむ段階では大量のアウトプットが必要です。大量のアウトプットで経験知を大きくする戦略です。

婚活ばやりですが、結婚がしたくてできない場合、アウトプットの量が足りていないことがほとんどです。ここで言うアウトプットとは「出会い」のことです。

「最近、出会いがなくって」と三年も五年も言い続けている人は、普通に暮らす限り、出会いがないのです。生活パターンを変えるか、友だちの友だちにとにかく会いまくるか、何かをしなければ、状況は変わりません。極端に言えば、一日に五人、六人とどんどん会えば、結婚できる確率が高まります。

ゼミ内で卒業生同士が結婚するケースはよくあります。大学の同じゼミにいる時点で、価値観の一致が見られる、そして共通の話題があります。ほどほどに信用できることも分かってきます。そうすると、結婚もあり、となります。

ある学生は「自分はそんなにモテるほうではない。ここで逃したら、もう結婚したいと言ってくれる人はいないかもしれない。だからここで手を打つ」と話していました。

男女ともに三〇歳くらいで真剣に結婚を考えている場合は話が早い。真剣に考えていなければ、出会いの機会を互いに流してしまうケースが多く見られます。フワフワしていると、なかなかうまくいきません。

出会いの機会を増やして、出会いの質を大事にすることです。

くすぶり時代、大言壮語を吐いてフワフワしていた私も、結婚するとさすがにしゃんとしました。ちょっとですが、しゃんとしました。

結婚して一緒に戦うという意識が人生を前進させます。若くして二人で小さな店を切り盛りするような意識が芽生えます。

とにかくアウトプットを増やし、チャンスの芽を大量に育てましょう。失敗しても大量アウトプットなら大丈夫です。三カ月間にかかわった六、七個のうち一個失敗しても、たいして進まない三カ月よりずっと経験知が増えています。

第五章

くすぶった人間は強い

くすぶりの自覚で人生の転機をつかむ

人がくすぶってしまうのは、生きることに燃焼感を求めているからです。

一応仕事には就いたものの、「十分ではない」「本来の自分ではない」とくすぶりながら働く人は少なくありません。社会的に評価されても、必ずしも自分の燃焼感に結びついていないケースです。

その場合、転職したり異動を願い出たりして、収入や地位が下がっても別の仕事を探すという選択があります。ハングリーな状態に身を置くことで、燃焼感を取り戻すというタイプです。

別の環境を経ることで、これまでと同じ仕事や金銭の価値がまったく違って見えることもあります。バラバラになった家族が再び集まった時に家族の価値を再確認するようなものです。現状をいったん崩して失うと、価値を再発見することがあります。

動物は飢餓状態に入ると、普段眠っている潜在的な遺伝子がスイッチオンするそうです。ハングリーな状態が、生きていくための勘と能力を発動させます。

常に安全な場所に身を置くと、その遺伝子のスイッチオンなしに生きていけるようになります。ほとんどの遺伝子がスイッチオンせず、いわば安楽に生きている状態に、くすぶり感を覚えてしまいます。

すでにハングリーな状態の人から見れば贅沢な悩みですが、今いる安定した場所から離れてこそ見える価値があります。一回突き崩すことで「野生の思考」を取り戻し、もっと前にという力につなげるのです。

現状に対して「くすぶっているな」と気がつくことで自分の今ある環境や意識を変え、不全感を乗り越えて生きている実感をつかもうとする。くすぶりを自覚することで人生の転機がつかめます。

くすぶりの芽はさまざまにある

今、リアルな問題として私たちが直面しているのは、ハングリーな状態にむりやり追いやられてしまう社会状況でしょう。つまり突然リストラされて、会社から放り出されてしまう事態です。

この時に、放り出されたことで自信を失い、自己否定の悪循環に陥っていきがちです。それを避けるために、「放り出された」としても、それを「自分から飛び出た」という意識に転化できればしめたものです。

前向きな気持ちを持つことで、人生の次のステージに対してポジティブに取り組むことができます。

仕事をリタイアしても、人生は続きます。仕事が生活のすべてだった人は、定年でそれを失った途端、精神的なバランスを崩すことがあります。一生続けられる仕事を持っている人はむしろ少数です。退職時にくすぶりが生じることが多々あるのです。

一方で、仕事で燃焼できず、くすぶり続けていた人は、定年をきっかけにそれまで蓄積していたエネルギーを一気に爆発させて、念願の趣味に燃えます。その場合、会社勤めは、精神エネルギーを石油化する一種の準備期間だったとも言えます。

仕事はくすぶりの原因にもなり、生きがいにもなるのです。

子育てにいそしんでいた女性にも同じことが言えます。子育てがくすぶりの原因にも、生きがいにもなりうるという意味では、子育て後が転機です。

結婚して家庭を持ちたいけれど持てないという独身男女のくすぶりもあるで

しょう。

くすぶりの芽はさまざまです。

緊張感を人生に生かして精神的なバランスを保つことが必要です。そのためにも希望を失わないようにしなければなりません。

フリーランスの緊張感が財産

私の二〇代はある意味、フリーランスでした。フリーランスと言えば聞こえはいいのですが、要するに仕事がない状態でした。

フリーの経験がある人は、職に就いても「いつ仕事がなくなるか分からない」という不安感がなくなりません。働き場所があって月々の給料があるという組織のありがたみを骨身にしみて知っているからです。

フリーランスは自由ですが、生活は不安定です。組織は生活が安定していますが、自由を縛られます。いずれもくすぶりの原因になります。一番いいのは、フリーでもやっていけるという緊張した意識を持ちながら、組織にいる状態でしょう。安定した環境でイキイキと仕事ができるからです。

フリーの期間が長かった人や、途中からフリーになった人があらためて組織に入ると、非常に強い戦力になります。野武士の風格を備えた武士のように、戦いがあればいつでも戦え、いざとなったら先頭を切るという気概を持っているからです。

それがチャレンジ精神を生みます。組織にいると、簡単にクビにならないだけにチャレンジができるからです。むしろ、自由に見えるフリーランスのほうが仕事を断れないし、妥協もしなくてはいけない分、チャレンジできません。

そのフリーの持っているビビリ感こそが緊張感、危機感でもあり、すなわち財産でもあるわけです。

作家の伊坂幸太郎《いさかこうたろう》さんはサラリーマン時代、通勤途中の電車の中で、斉藤和義さんの曲「幸福な朝食 退屈な夕食」を聴いて小説家に専念する決意をしたそうです。ベストセラー作家を生むきっかけになった曲は、伊坂さん原作の映画『ゴールデンスランバー』のエンディングに使われました。伊坂さんもくすぶっていた時間があったからこそ、やめた後は加速をつけて作品を生み続けているのかもしれません。

義務をこなしたのちに自由の可能性を見出すプロセスは、ニーチェ（一八四四～一九〇〇年）の言う「三態の変化」にも見出せます。ニーチェは『ツァラトゥストラはかく語りき』で、超人へ至る三段階の精神の成長を、動物の比喩を使って示しています。

らくだの時代は、重荷を背負って黙々と砂漠を歩むように義務をこなす時期です。次の獅子の時代には、それまでの状況を「ノー」と拒んで自分のパワーを行使します。最後に赤児のように、世界と一体となってすべてを肯定する境地に至ります。

らくだのように重荷を背負って生きる重圧がくすぶりの原因になりますが、それがあって初めて獅子のように爆発的な力を発揮することができるのです。

鬱屈を貯めに貯め込んで、ある時一気に爆発する人は、その後のエネルギーが長く続きます。どんなに苦しくても「あの時よりは、はるかにマシ」という思いが、人を前進させせます。

飢餓感

石油エネルギーに引火して爆発する

一流の銀行に就職した教え子の女性は、銀行が体質に合わず、入社まもないのに体重が一五キロ減と激やせしてしまいました。しかし「ただやめるわけにはいかない」と、公認会計士になると決めて退社しました。

それから二年間、簿記学校に通いながら一日一四、五時間猛勉強して、超難関の公認会計士試験に合格しました。

試験勉強当時、「なぜ、そんなに頑張れるの？」と聞いたら「銀行に勤めていた時のことを思えば、なんてことない」と話していました。

大学卒業後に公認会計士を目指しても、そこまでのエネルギーは出ないでしょう。ズルズルと資格試験浪人をしてしまう可能性もあります。

せっかく入った一流の銀行をみずから捨てたとなると、もう後には引けない。彼女にしてみれば、銀行にいた時間と比べて、自分のために勉強できる時間は実に有意義に思えたに違いありません。だから猛烈に勉強しても疲れません。むしろ楽しんでやれたから、一発で試験に通るほど勉強がはかどったのだと思います。

あらゆる資格試験は受け身に回るとダメです。

『論語』に「これを知る者はこれを好む者に如かず。これを好む者はこれを楽しむ者に如かず」という言葉があります。ものごとを知識として身につけなければと思っている者よりも、好きだからやっている者のほうが上で、さらにそれ自体を楽しんでしまっている者のほうが上をいく、という意味です。

当人が楽しんでいるのでもう止まらないという段階に入ると、苦しい状況を超えてしまっています。ぐいとのめり込むエネルギーを貯めているのが、その前段階にある、義務を果たしているくすぶり期間です。

鬱屈する期間があまりに長いと、今度はそもそもの野心が途絶えてしまう可能性があります。適度なくすぶりが爆発的な力を生みます。

そこで、くすぶっている時に気をつけるべきは、エネルギーが貯まっているという自覚です。

「ここから離れてあの仕事に就けたならば、絶対に頑張ってみせる」と思っていると、実際にその仕事に就けた後の加速力が他の人と異なります。それは周りの人にも「あっ、こいつ違うな」と分かるほどです。

だから、中途入社した人が、むしろ頑張っていい仕事をします。あるいは、社会人入学の大学生は、学びの意識がはっきりしていて、やる気に満ちています。いわば「遅咲きの人」です。

元プロボクサーの輪島功一さんは、貧しい幼少期を送り、養父母に預けられた中学時代は夕方から明け方までイカ釣り漁をして生計を助けました。高校中退後はトラック運転手や土木作業員をして暮らしていました。

プロボクサーとしては極めて遅い二五歳でデビューすると、破竹の勢いで勝ち進み、世界スーパーウェルター級王座を三度獲得します。その後、無残なKO負けを喫しながら再戦で雪辱し、世界でもまれな二度の王座返り咲きを果たしました。

彼は〝炎の男〟と呼ばれました。デビューまでに蓄積した精神の石油エネルギーが爆発的に燃え上がった彼にこそふさわしい異名です。

追い詰められた若尾文子に何かが起きた

くすぶっている人が普通にしていても、突破口は開かれません。そこに何かが必要です。

その何かとは、「追い詰められる」状況ではないかと思います。追い詰められると、否応なく駆け上がらなければいけなくなります。追い詰められるところに身を置かなければ、本当の力が発揮できないのです。

NHK-BSの「邦画を彩った女優たち」（二〇一一年一一月放送）という番組で、女優の若尾文子さんが若いころ、溝口健二監督（一八九八～一九五六年）にいかに鍛えられたかを語っていました。

大映のニューフェースとしてアイドルのような存在だった若尾さんは、溝口監督に起用されて、映画『赤線地帯』（一九五六年）で初めて娼婦役を与えられました。吉原を舞台にした娼婦たちの群像劇で、若尾さんは娼婦仲間に金を貸し、客から金をだまし取る悪女役でした。

撮影に入って演技をしたところ、監督がカメラを回しません。監督からは何のアドバイスもなし。周りはベテラン俳優ばかり。その日は一度もカメラを回さずに終わります。翌日もカメラは回りません。夜は眠れず、考え抜くけれど、次の日もカメラは回らない。

そんな日々が二週間ほど続いたそうです。いたたまれなくて、もう冷汗が出るなんてものではなく、ぞっと背筋が凍るほどだった、と若尾さんは回顧します。

想像してください。名だたる女優や男優たちが自分のせいで、じっと待機している。世界的な名監督の目は確かで、自分の演技が悪いことは分かっている。でもどうすればいいのか分からない。助言はない。それが来る日も来る日も続くという恐ろしさ。

「人間、ほんとに追い詰められたら何かをしでかす」とは、若尾さんの言葉です。二週間後に、何かが変わったそうです。そして、カメラが回り始め、彼女はたくましくも妖しい女を演じきります。当時の日本映画がなぜ世界的に高く評価されたかを示すエピソードでもあります。

修羅場が本気のＤＮＡスイッチを入れる

追い詰められて初めて発揮できる力があります。自分で自分を追い詰めているうちは、まだまだです。自分のことで自分が失敗するのは、追い詰められているうちに入りません。

自分のせいで他人に迷惑がかかる。あるいは家族が路頭に迷う。一緒に頑張っている人たちが被害を被《こうむ》る。チームスポーツで言うと、自分のせいで失点を重ねている状態です。その抜き差しならない状況に置かれて初めてスイッチオンするDNAがあるのです。

追い詰められた人間が悪いほうに転がることもあります。しかし、ここで言いたいのは、追い詰められて初めて本気を見せる状況です。

その本気がどんなものか、自分でも分かりません。本当に追い詰められたことがない人は、本気を出すDNAのスイッチが入る機会をまだ持っていないということです。そして、実はそういう人がほとんどなのです。

今の就職氷河期は、現実的に追い詰められてはいても、それを社会状況のせいにできます。自分のせいで他人に迷惑がかかるという、背筋が凍るような状態とは天地ほどの差があります。

追い詰められた状況を乗り越えた人間特有の野性味、修羅場をくぐったことがある人の持つすごみは、「この人、何か持っているな」と相手に思わせます。

人間力にかかわることなので、就職試験でもどこか違う、何か採用したくなるにおいを放ちます。

ちなみに、落語家の春風亭昇太さんは、自分の新作落語は基本的に追い詰められた人間が何かおかしなことをしでかす状況を描いていると書いています。「花粉寿司」というネタは、花粉症の寿司屋さんが、クシャミが止まらず、寝ながら寿司を握ったりする噺《はなし》です。

追い詰められるところに身を置くにはどうすればいいか。それが次に考えるべきことです。

ブレイクスルー感覚を覚える

くすぶり気質の人間が社会的に未成熟なケースがあります。私もそうでした。自信過剰だった私は、追い詰められて危機を乗り越えた時、初めて世の中を知ることになりました。

独身なら三〇歳でも追い詰められる感覚はないでしょう。結婚して子どもができると追い詰められます。前述したように、私は大学院の時に結婚し、二人目の子どもが生まれた時も無職でした。

しかし、追い詰められた人間だからこそ至ることができる境地、発揮できる力があります。何かを背負って向かうと、突破力が出ます。

若尾さんの言葉「人間、ほんとに追い詰められたら何かをしでかす」の「何かをしでかす」瞬間です。それは、今まで自分が味わったことのない新たな境地です。

この〝ブレイクスルー感覚〟を一回経験すると、次に煮詰まった時も突破できるという自信がつきます。そして、ルーティーンに慣れると、今度はむしろ自分で自分を追い詰めたくなります。「そんなことはできるわけがない」という仕事を引き受けて、新境地を開きたくなります。いわば癖になるわけです。

そうは言っても、闇雲に困難な仕事を引き受ければ、自分がつぶれてしまいます。内訳として八割はルーティーンの仕事、慣れた仕事で給料を稼ぎます。しかし、残りの二割は新しいことに挑戦します。二割以上新しいことをやると失敗した時にダメージが大きいので、二割以上は入れないようにします。

安定したルーティーンの八割の仕事が不況になった時、二割の仕事が助けてくれることがあります。どこかがダメでも、どこかが使える状態です。

突破のブレイクスルー感覚は、困難を押しつけられて、もがかなければ得られません。若い時期にそういう困難を自分で負うことがパワーの源になります。「若い時の苦労は買ってでもせよ」です。

小さなことから始めればいいのです。たとえば、「じゃあ自分がプレゼンします」と言って手を挙げると、もうプレゼンしなければいけなくなります。失敗して怒られるかもしれません。恥を掻くかもしれません。

それによって、ひとつ経験を積んだことになります。失敗しても、小さなことなら取り返しがつきます。若ければ、痛手は小さくてすみます。

ブレイクスルー感覚は、「ブレイクスルーしたか、しないか」ではなく、あくまで「抜け出す感覚」です。抜け出す感覚を覚えることがポイントです。その感覚を覚えると、どんなことでも抜け出せるという自信がつきます。その自信が勇気を与えてくれます。

だから、まず自分で手を挙げてください。

追い詰められて初めて世を知る

自信と勇気と行動の循環

自信と勇気と行動。それぞれ単純な言葉ですが、言葉としてバラバラにあるだけでは意味がありません。この三つを循環させて成功に導くことが肝腎《かんじん》です。

自信を持っている人は勇気を持てます。勇気があると行動できます。その行動が自信になっていきます。それが自信を出発点にした循環です。

自信がない人は、まず勇気を出して行動してみたら、それが自信につながる場合があります。自信も勇気もない、とりあえず行動してみたら自信がついて、次に勇気が出てくるという循環もあります。

どこから出発してもいいのですが、この三つをグルグル回していくことがポイントです。

小学生にスポーツを教えていると、この循環を持っている子どもがすでにいます。チャレンジして行動できる子どもは、どんどん自信をつけていきます。年齢とは関係なく、この循環を自分の中に作れた人は、成功の循環に入っています。

最初のサイクルをどう回すかです。最初から自信を持っている人はいないでしょう。では、勇気にスイッチオンするにはどうするか。

追い詰められることです。追い詰められたら、もう勇気で切り抜けるしかありません。追い詰められた圧力で勇気にスイッチが入ります。すると、もう動くしかありません。その結果、自信を持てます。

自分が追い詰められる場に身を置く勇気を持つことです。たとえばきつそうな仕事を、自ら手を挙げて引き受ける。

くすぶっている人にとっては、エネルギーの発散にもなります。そして、追い詰められている圧力を上手に使って、ブレイクスルーするのです。

くすぶり人間はメンタルが強い

くすぶる人の強みは、なにごとも一直線にうまくはいかないということが分かっている点です。

とんとん拍子に来た人が、進路変更したり異動したりしたことをきっかけに、突如精神のバランスを失って、何もできなくなってしまうというケースを目にしたことがあります。

挫折体験がないだけに、ちょっとしたつまずきで何もかもがイヤになってしまう。叱られることに慣れていないこともあるでしょう。

ところが、くすぶり時代を経験していると、少々のことではへこたれない、生きているだけで儲けもの、という余裕を持っていられます。むしろ、くすぶり期間がメンタルの強さに反映されなければ、そのくすぶりには意味がないとさえ言えます。

今は「メンタルが強い」「不遇に強い」というだけで突出したアドバンテージになります。会社が新人を採用する際、ちょっと叱っただけで出社拒否されたり、うつ病になったりする人間よりも、言いたい放題言っても平気な人間を採用したいのは当然でしょう。

「私は大丈夫なので何でも言ってください」「修正して上達したいので思いきって言ってください」「きつい言い方をされても自分は大丈夫です」

そんなふうに自分から前もって相手に告げてしまうのが得策です。そうすると、「これ全然ダメだよ」ときつい言葉が返ってきても、意外と大丈夫です。「あぁ、やっぱりそうですか。なんとなく思っていたんですけど、どこがダメなんでしょうか？」と冷静に話を進めることができます。

いきなり「全然ダメだよ」と突き返されると、打撃が大きい。不思議なもので、「何でも言ってください」という態度でいくと、「全部ダメだよ」とは言われないものです。

むしろ具体的に「これとこれが問題で……」という言い方をされます。「叩いてください！」という人間に対しては、意外と「これとこれだね」といった形でアドバイスをしてくれます。

二〇一二年一月、サッカーの本田圭佑《けいすけ》選手が、イタリアのラツィオ移籍の交渉が決裂した時、「ラツィオへの移籍を望んでいたのは事実だが、もはや過去のこと。僕は今のチームを助けるために全力を注ぐ」と話しました。

本田選手は、膝を故障しても、それがきっかけでもっといい道が拓けると考えるしぶとさを持っています。自分の目標を「名門レアル・マドリードで一〇番をつけてプレイすること」に置いていますが、それを達成してもしなくても、たくましく生きていけるだろうという安心感があります。だから大一番で頼りにできるのです。

反復に強い、右腕主義

不遇に強いメンタルと同じように、「反復に強い」人は、頼りになります。「機械的な作業は自分がやります。慣れているので早いです」と引き受けて、「二割余った時間で別の仕事もやらせてもらえませんか？」とステップアップにつながる仕事を任せてもらえれば、そこで成功への可能性が開かれます。

誰かの右腕になって、ステップアップしていくのです。

右腕、右腕、右腕と、どんどん右腕を目指していく。助手で終わらずに、右腕になって、師範の代わりができる師範代としてある部分を任せてもらうと、師範が抜けた時にそのポジションに納まることだってできます。

その際、仕事が来たら絶対に断らない、休まないというのが基本です。ステップアップできるような仕事であれば、基本的には断らずにチャンスを自分のものにしていく。

そしてある程度の地位に就くと、断ることが必要な状況も出てきます。人によっては若い時にくすぶりすぎて、五〇歳、六〇歳で一流の仕事をしていても、いっさい仕事が断れない人がいます。仕事がなかった時のことが忘れられないのです。

「なぜこの人は、こんなにたくさんの仕事をしているのだろう？」と思ったら、だいたいくすぶり期間が長かった人であることが多いです。

自分と交渉を続ける

くすぶっているためにメンタルが弱くなっては元も子もありません。くすぶりはメンタルを鍛えるチャンスです。

そのためには、常に自分と交渉を続けることです。

私は「自分との交渉」を三つの要素に分けて考えています。
（1）利益
（2）オプション
（3）バトナ（ＢＡＴＮＡ）
まず、自分にとって本当の利益とは何かを考え続けます。アルバイトを選ぶ時、今、自分にとって本当の利益になるのは、金銭を得ることか経験を積むことかを考えます。

あるいは結婚する時、ある程度好きな人と結婚して家庭を作ることが本当の利益だと思えば、相手を選びすぎて機会を逸するのは利益になりません。

オプションは「プラスする」という意味です。これを買えば、プラスアルファでこれもつきますよという企画をよく見かけます。ある仕事を引き受けたことで、報酬は低くても、実績を築けたり新たな人脈につながったりするということがあります。

ＢＡＴＮＡ（Best Alternative to Negotiated Agreement）は「自分にと

っての交渉外最善策」という意味です。交渉が決裂しても、次善策を用意しておけば、常に攻めの気持ちでいられます。負けてもどうせくすぶっているのだからという場所に立てば、さまざまなことにチャレンジできるのです。

利益、オプション、バトナという三つの観点から自分と交渉する。

相手と交渉する場合も同じです。バトナがない場合は、相手に利益を譲ってでも契約しなければならないことになります。世の中はすべて契約だと考えれば、では「自分の持っている財産は何なのか」「自分が提供できるものは何なのか」といった自己客観視が必要になってきます。

手持ちの財産がないのに、強気ばかりで通すと相手にされなくなります。利益とオプションを考えて、今は金銭の問題ではなく、経験を積むべきだと判断すれば、割りきってOKとします。自分で考え抜けば後悔はしません。

くすぶりに後悔は必要ありません。自己チューだったら、自己チューを徹底すればいい。後悔したり不安になったりするのは、どこかに自己チューではない部分があるからです。後悔や不安が大きいのは、本当の意味で自分を持っていないということです。

自分中心主義を貫くのであれば、自分を原点として徹底的に自分が判断し、他人と交渉するという考えに立つことです。それが本当の自己本位です。

黒柳徹子さんは「後悔や反省なんてものは親の体の中に置いてきた」と話していました。気質的なものもありますが、現在のベストを尽くしていれば、後悔はありません。

自信と勇気と行動

失敗は準備不足と経験不足で起きる

くすぶる人は、もともと自信を持っている人です。その自信は、とことん徹底しましょう。技量や経験不足は疑っても、自分自身という核については疑わない、ということです。

失敗はだいたい準備不足と経験不足で起きます。「これは経験不足だった」

あるいは「想定が間違っていて、準備が不足していた」。こういうふうに、反省のポイントを経験と準備の不足に持っていくのです。

それは言い訳ではありません。準備しなかった自分が悪いし、経験が足りない自分が悪いわけです。だから、もっと準備して経験を増やさなければ、またミスが起きてしまいます。

一〇〇個の案件をこなした人は、一〇〇個の案件をこなした人より、ミスが少ないのは当然です。ほとんどのことは経験にかかっているのです。であれば、逆に経験不足、準備不足は致命的ということです。

だから私は学生に、「とにかく準備してこい」と言います。「自分の才能の吟味は必要ないので準備して臨め」と命じます。準備すると、やはり評判がいい。すると、今までは準備が足りなかったから評判が取れなかったということがシンプルに理解できます。

大学入試でも準備不足でだいたいの人が落ちています。頭の善し悪しではなく、準備の多寡です。大学に偏差値があるとすれば、それは準備力です。準備力で偏差値が決まっています。

いい加減な大学の学生は、いい加減な準備しかしません。東大生は頭がいいから準備せずにその場でなんとかする人間が多いかというと逆です。東大生は驚くほど準備がしっかりしています。

東大生の独創性にはまったく保証がありませんが、準備することに関しては万全なのです。

くすぶりを突破できない原因は、才能や資質ではなく、準備不足ではないかというところに疑いを持っていってみるのです。

自分が大丈夫だと思っていることは大丈夫ではないし、みんなが普通だと思っていることは普通ではありません。自分が十分と想定している経験は実は十分ではありません。

「今まで大丈夫と思っていた準備ではダメだったんだ」と分かるだけで、その後が変わります。

自分という本体に疑いを持つな

経験とか準備は自分の本質ではありません。つけ加えられるものです。足りなかったら、そこを直していけばいい、修正していけばいいのです。

くすぶる時に自分という本体に疑いを持ってはいけません。自分を肯定する。否定するのではなく、ただ修正すればいい。

肯定否定で言えば、肯定に決まっています。それが自己否定に入っていくと、神経衰弱になって全部が悪循環になります。

準備して、チャレンジして、経験を増やして、また準備してチャレンジして。

そういう順番です。

それで認められなかったり自分の理想には遠かったりすることで、くすぶる感覚は持っていいのですが、自己否定には絶対に陥らない。

修正すればいいんでしょ？　と考える。それがメンタルの強さです。それにはある意味、準備や経験が足りなかったことを認める必要があるわけですから、かえって謙虚にもなれるというものです。

おわりに

くすぶるのは悪くない。いや、もっとくすぶったほうがいい、特に若いうちは。

そう強く思わずにはいられないほど、私自身のくすぶり期間は長かった。

やりたいこと、志と現実とのギャップが激しすぎて、情熱のくすぶりに身が焦げる。そんな日々が続く中で、なんとかして道を拓こうとしてきた。

そんな私の「くすぶることへの思い」をこの本では吐露した。

「くすぶる」という動詞は、私にとって基本動詞だった。だから、この「くすぶる」という言葉に深い意味を与えて世に送り出したい！　そんな思いからこの本は生まれた。

自分の中に今くすぶる感覚がある人は、ぜひこの本から共感を得て道筋を見出してほしい。

自分の中に何のくすぶりもないという若い人には、「もっと志を高く持って、くすぶってみろ」と言いたい。志が大きければ、どうしたって「くすぶる」のではないか。すべてが初めからうまくいく人はほとんどいない。才能などがあってもくすぶり期間が長くなることはある。

事の成否は、くすぶり期間に、どれだけエネルギーを蓄積し、技を磨くかだ。最後に思いを込めて、宮沢賢治の「告別」という詩をメッセージとして贈りたい。

私はこの「告別」に勇気づけられた。「くすぶることは力である」という私の思いは、すべてこの詩に凝縮されている。この詩を胸に刻んで、くすぶりを力に変えていってほしい。

三八四　告別

おまへのバスの三連音が

どんなぐあひに鳴ってゐたかを
おそらくおまへはわかってゐまい
その純朴さ希みに充ちたたのしさは
ほとんどおれを草葉のように顫《ふる》はせた
もしもおまへがそれらの音の特性や
立派な無数の順列を
はっきり知って自由にいつでも使へるならば
おまへは辛くてそしてかゞやく天の仕事もするだらう
泰西《たいせい》著名の楽人たちが
幼齢弦や鍵器をとって
すでに一家をなしたがやうに
おまへはそのころ
この国にある皮革の鼓器と
竹でつくった管《くわん》とをとった
けれどもいまごろちゃうどおまへの年ごろで

おまへの素質と力をもってゐるものは
町と村との一万人のなかになら
おそらく五人はあるだらう
それらのひとのどの人もまたどのひとも
五年のあひだにそれを大抵無くすのだ
生活のためにけづられたり
自分でそれをなくすのだ
すべての才や力や材といふものは
ひとにとゞまるものでない
ひとさへひとにとゞまらぬ
云はなかったが、
おれは四月はもう学校に居ないのだ
恐らく暗くけはしいみちをあるくだらう
そのあとでおまへのいまのちからがにぶり
きれいな音の正しい調子とその明るさを失って

齋藤 孝
さいとう・たかし
1960年、静岡県生まれ。明治大学文学部教授。東京大学法学部卒業。同大学院教育学研究科博士課程等を経て現職。専門は教育学、身体論、コミュニケーション論。主な著書に『身体感覚を取り戻す』『声に出して読みたい日本語』『15分あれば喫茶店に入りなさい。』『すすっと瞑想スイッチ』『雑談力が上がる話し方』などがある。

多くの侮辱や窮乏の
それらを噛んで歌ふのだ
もしも楽器がなかったら
いゝかおまへはおれの弟子なのだ
ちからのかぎり
そらいっぱいの
光でできたパイプオルガンを弾くがいゝ

ふたたび回復できないならば
おれはおまへをもう見ない
なぜならおれは
すこしぐらゐの仕事ができて
そいつに腰をかけてるやうな
そんな多数をいちばんいやにおもふのだ
もしもおまへが
よくきいてくれ
ひとりのやさしい娘をおもふやうになるそのとき
おまへに無数の影と光の像があらはれる
おまへはそれを音にするのだ
みんなが町で暮らしたり
一日あそんでゐるときに
おまへはひとりであの石原の草を刈る
そのさびしさでおまへは音をつくるのだ

編集協力　片岡義博

くすぶる力

二〇一三年一一月五日　第一刷発行

著者　齋藤 孝

発行者　見城 徹

発行所　株式会社 幻冬舎

〒一五一-〇〇五一 東京都渋谷区千駄ヶ谷四-九-七

電話　〇三-五四一一-六二一一（編集）

〇三-五四一一-六二二二（営業）

振替〇〇一二〇-八-七六七六四三

印刷・製本所　中央精版印刷株式会社

ISBN978-4-344-02483-0 C0095

幻冬舎ホームページアドレス http://www.gentosha.co.jp/

この本に関するご意見・ご感想をメールでお寄せいただく場合は、comment@gentosha.co.jp まで。